朝鮮語教程

小西敏夫・岸田文隆・酒井裕美　編著

溪水社

ま え が き

この「朝鮮語教程」は、大阪大学の平成24年度戦略的経費「世界に通じる「阪大メソッド」高度言語教材編纂プログラム」の成果として刊行されるものである。

この教科書は、中級レベルの学習者を対象とし、語学の勉強を通して、代表的な歴史的文献に触れ、将来本格的な文献講読をおこなうための基礎を養成しようとするものである。

この教科書が、韓国・朝鮮の研究へのさらなる関心の契機になることを願っている。

執筆者一同

目　次

朝鮮語教程

第1課「訓民正音」

【資料解説】

朝鮮語の表記に用いられている文字は、現在はハングルと呼ばれているが、朝鮮朝(李朝)第4代の王、世宗が制定した時の名称は訓民正音であった。訓民正音は、世宗25年(1443)12月に創制され、同28年(1446)9月に、世の中に広く頒布された。その時に、文字と同名の『訓民正音』という名の書が刊行された。この書は、新しく創制された文字である訓民正音の解説書であるが、文字と区別するために、『解例本』とも呼ばれる。漢文で書かれており、「御製序」と「例義篇」からなる「本文」と、「制字解」「初声解」「終声解」「合字解」「用字例」からなる「訓民正音解例」、「鄭麟趾序」の3つの部分からなる。冒頭の「御製序」では、世宗による文字制定の趣旨が述べられている。その後に続く「例義篇」では、各字母の発音について述べられ、それらの字母の組み合わせ方や、今では使われなくなったアクセントを表す傍点についての説明がある。

この『訓民正音』の本文を諺解したものが、1459年に刊行された『月印釈譜』の冒頭に載せられている。これは『諺解本』とも呼ばれている。ここにとりあげるのは『諺解本』の方である。『解例本』と『諺解本』の内容は、まったく同じではなく、『諺解本』にある、中国語の歯音を表記する文字に関する規定は、『解例本』にはない。この『諺解本』は、原文の漢文を短く分け、その分けられた漢文に助詞や語尾などを付け、それぞれの漢字には東国正韻式の漢字音表記をほどこし、その下に2行で漢字の字釈をおこなっている。そしてその次に、朝鮮語の翻訳が続く。ここでは、漢字の字釈部分は[　　]で表し、翻訳部分は、一ます下げて表記している。

ソウルの中心部、世宗路にある世宗大王像

【本文】

世 ·솅 宗 종 御 ·엉 製 ·졩 訓 ·훈 民 민 正 ·졍 音
흠 [製 ·졩 ·ᄂᆞᆫ ·글 지 ·ᅀᅳᆯ ·씨 ·니 御 ·엉 製 ·졩 ·ᄂᆞᆫ
:님 ·금 ·지 ᅀᅳ ·샨 ·그 리 ·라 . 訓 ·훈 ·은 ᄀᆞ ᄅᆞ ·칠 ·씨
·오 民 민 ·ᄋᆞᆫ 百 ·ᄇᆡᆨ 姓 ·셩 ·이 ·오 音 흠 ·은 소 ·리
·니 訓 ·훈 民 민 正 ·졍 音 흠 ·은 百 ·ᄇᆡᆨ 姓 ·셩 ᄀᆞ
ᄅᆞ ·치 시 ·논 正 ·졍 ᄒᆞᆫ 소 ·리 ·라 .]

國 ·귁 之 징 語 :엉 音 흠 ·이 [國 ·귁 ·ᄋᆞᆫ 나 ·라
히 ·라 . 之 징 ·ᄂᆞᆫ ·입 ·겨 지 ·라 . 語 :엉 는 :말 ᄊᆞ 미
·라 .]

나 ·랏 :말 ᄊᆞ ·미

異·잉乎ᅘᅩᆼ中듕國·귁·ᄒᆞ·야[異·잉·ᄂᆞᆫ다ᄅᆞᆯ·씨·라.乎ᅘᅩᆼ·ᄂᆞᆫ:아·모그에·ᄒᆞ논·겨체·ᄡᅳᄂᆞᆫ字·ᄍᆞᆼㅣ·라.中듕國·귁·ᄋᆞᆫ 皇ᅘᅪᆼ帝·뎅:겨신나·라히·니·우·리나·랏常썅談땀·애江강南남·이·라·ᄒᆞ·ᄂᆞ니·라.]

中듕國·귁·에달·아

與:영文문字·ᄍᆞᆼ·로不·붏相샹流ᄅᆔᇢ通통ᄒᆞᆯ·ᄊᆡ[與:영·ᄂᆞᆫ·이·와·뎌·와·ᄒᆞᄂᆞᆫ·겨체·ᄡᅳᄂᆞᆫ字·ᄍᆞᆼㅣ·라.文문·ᄋᆞᆫ·글·와리·라.不·붏·ᄋᆞᆫ아·니·ᄒᆞ논·ᄠᅳ디·라.相샹·ᄋᆞᆫ서르·ᄒᆞ논·ᄠᅳ디·라.流ᄅᆔᇢ通통·ᄋᆞᆫ흘·러ᄉᆞᄆᆞ·ᄎᆞᆯ·씨·라.]

文문字·ᄍᆞᆼ·와·로서르ᄉᆞᄆᆞᆺ·디아·니ᄒᆞᆯ·ᄊᆡ

故·공·로愚ᅌᅮᆼ民민·이有:ᅌᅮᇢ所:송欲·욕言언·ᄒᆞ야·도[故·공·ᄂᆞᆫ견·ᄎᆡ·라.愚ᅌᅮᆼ·ᄂᆞᆫ어·릴·씨·라.有:ᅌᅮᇢ·ᄂᆞᆫ이실·씨·라.所:송·ᄂᆞᆫ·배·라.欲·욕·ᄋᆞᆫᄒᆞ·고·져ᄒᆞᆯ·씨·라.言언·ᄋᆞᆫ니·를·씨·라.]

·이런견·ᄎᆞ·로어·린百·ᄇᆡᆨ姓·셩·이니르·고·져·ᄒᆞᇙ·배이·셔·도

而ᅀᅵᆼ終즁不·붏得·득伸신其끵情쪙者:쟝ㅣ多당矣:ᅙᅵᆼ·라[而ᅀᅵᆼ·ᄂᆞᆫ·입·겨지·라.終즁·ᄋᆞᆫᄆᆞ·ᄎᆞ미·라.得·득·ᄋᆞᆫ시·를·씨·라.伸신·ᄋᆞᆫ펼·씨·라.其끵·ᄂᆞᆫ:제·라.情쪙·ᄋᆞᆫ·ᄠᅳ디·라.者:쟝·ᄂᆞᆫ·노미·라.多당·ᄂᆞᆫ할·씨·라.矣:ᅙᅵᆼ

·ᄂᆞᆫ :말 ᄆᆞᆺ ᄂᆞᆫ ·입 ·겨 지 ·라 .]

ᄆᆞ ·ᄎᆞᆷ :내 제 ·ᄠᅳ ·들 시 ·러 펴 ·디 :몯 ᄒᆞᇙ ·노 ·미
하 ·니 ·라

予 영 ㅣ 爲 ·윙 此 :ᄎᆼ 憫 :민 然 ᅀᅧᆫ ·ᄒᆞ ·야 [予
영 ·는 ·내 ·ᄒᆞ ᅀᆞᆸ ·시 ᄂᆞᆫ ·ᄠᅳ ·디 시 ·니 ·라 . 此 :ᄎᆼ ·ᄂᆞᆫ
·이 ·라 . 憫 :민 然 ᅀᅧᆫ ·은 :어 엿 ·비 너 ·기 실 ·씨 ·라 .
]

·내 ·이 ·ᄅᆞᆯ 爲 ·윙 ·ᄒᆞ ·야 :어 엿 ·비 너 ·겨

新 신 制 ·졩 二 ·ᅀᅵᆼ 十 ·씹 八 ·밣 字 ·ᄍᆼ ·ᄒᆞ 노 ·니
[新 신 ·은 ·새 ·라 . 制 ·졩 ·ᄂᆞᆫ ᄆᆡᆼ ·ᄀᆞ ·ᄅᆞ 실 ·씨 ·라 .
二 ·ᅀᅵᆼ 十 ·씹 八 ·밣 ·은 ·스 ·믈 여 ·들 비 ·라 .]

·새 ·로 ·스 ·믈 여 ·듧 字 ·ᄍᆼ ·ᄅᆞᆯ ᄆᆡᆼ ·ᄀᆞ 노 ·니

欲 ·욕 使 :ᄉᆼ 人 ᅀᅵᆫ 人 ᅀᅵᆫ ·ᄋᆞ ·로 易 ·잉 習 ·씹 ·ᄒᆞ
·야 便 뼌 於 헝 日 ·ᅀᅵᇙ 用 ·용 耳 :ᅀᅵᆼ 니 ·라 [使
:ᄉᆼ ·ᄂᆞᆫ :히 ·ᅇᅧ ·ᄒᆞ ᄂᆞᆫ :마 리 ·라 . 人 ᅀᅵᆫ ·ᄋᆞᆫ :사 ·ᄅᆞ 미
·라 . 易 ·잉 ·ᄂᆞᆫ :쉬 ᄫᅳᆯ ·씨 ·라 . 習 ·씹 ·ᄋᆞᆫ 니 ·길 ·씨 ·라 .
便 뼌 ·은 便 뼌 安 한 ᄒᆞᆯ ·씨 ·라 . 於 헝 ·는 :아 ·모
그 에 ·ᄒᆞ ᄂᆞᆫ ·겨 체 ·ᄡᅳ ·는 字 ·ᄍᆼ ㅣ ·라 . 日 ·ᅀᅵᇙ ·ᄋᆞᆫ
·나 리 ·라 . 用 ·용 ·ᄋᆞᆫ ᄡᅳᆯ ·씨 ·라 . 耳 :ᅀᅵᆼ ·ᄂᆞᆫ ᄯᆞ ᄅᆞ ·미
·라 ·ᄒᆞ ᄂᆞᆫ ·ᄠᅳ 디 ·라 .]

:사 ᄅᆞᆷ :마 ·다 :히 ·ᅇᅧ :수 ·ᄫᅵ 니 ·겨 ·날 ·로 ·ᄡᅮ ·메
便 뼌 安 한 ·킈 ᄒᆞ ·고 ·져 ᄒᆞᇙ ᄯᆞ ᄅᆞ ·미 니 ·라

ㄱ ·ᄂᆞᆫ 牙 앙 音 흠 ·이 ·니 如 ᅀᅧᆼ 君 군 ㄷ 字 ·ᄍᆼ

初 초ᇰ 發 ·버ᇙ 聲 셔ᇰ ᄒᆞ ·니 並 ·뼈ᇰ 書 셔ᇰ ᄒᆞ ·면 如
ᅀᅧᇰ 虯 뀨ᇹ ㅸ 字 ·ᄍᆞᇰ 初 초ᇰ 發 ·버ᇙ 聲 셔ᇰ ᄒᆞ ·니 ·라
[牙 ᅌᅡᆼ ·ᄂᆞᆫ :어 미 ·라. 如 ᅀᅧᇰ ·는 ·ᄀᆞ ᄐᆞᆯ ·씨 ·라. 初
초ᇰ 發 ·버ᇙ 聲 셔ᇰ ·은 ·처 ᅀᅥᆷ ·펴 ·아 ·나 ᄂᆞᆫ 소 ·리 ·라.
並 ·뼈ᇰ 書 셔ᇰ ·는 ᄀᆞᆯ ·ᄫᅡ ·ᄡᅳᆯ ·씨 ·라.]

ㄱ ·ᄂᆞᆫ :ᅌᅥᆷ 쏘 ·리 ·니 君 군 ㄷ 字 ·ᄍᆞᇰ ·처 ᅀᅥᆷ ·펴
·아 ·나 ᄂᆞᆫ 소 ·리 ·ᄀᆞ ᄐᆞ ·니 ᄀᆞᆯ ·ᄫᅡ ·ᄡᅳ ·면 虯 뀨ᇹ
ㅸ 字 ·ᄍᆞᇰ ·처 ᅀᅥᆷ ·펴 ·아 ·나 ᄂᆞᆫ 소 ·리 ·ᄀᆞ ·ᄐᆞ 니
·라

ㅋ ·ᄂᆞᆫ 牙 ᅌᅡᆼ 音 ᅙᅳᆷ ·이 ·니 如 ᅀᅧᇰ 快 ·쾌ᇰ ㆆ 字 ·ᄍᆞᇰ
初 초ᇰ 發 ·버ᇙ 聲 셔ᇰ ᄒᆞ ·니 ·라

ㅋ ·ᄂᆞᆫ :ᅌᅥᆷ 쏘 ·리 ·니 快 ·쾌ᇰ ㆆ 字 ·ᄍᆞᇰ ·처 ᅀᅥᆷ ·펴
·아 ·나 ᄂᆞᆫ 소 ·리 ·ᄀᆞ ·ᄐᆞ 니 ·라

ㆁ ·ᄂᆞᆫ 牙 ᅌᅡᆼ 音 ᅙᅳᆷ ·이 ·니 如 ᅀᅧᇰ 業 ·ᅌᅥᆸ 字 ·ᄍᆞᇰ 初
초ᇰ 發 ·버ᇙ 聲 셔ᇰ ᄒᆞ ·니 ·라

ㆁ ·ᄂᆞᆫ :ᅌᅥᆷ 쏘 ·리 ·니 業 ·ᅌᅥᆸ 字 ·ᄍᆞᇰ ·처 ᅀᅥᆷ ·펴 ·아
·나 ᄂᆞᆫ 소 ·리 ·ᄀᆞ ·ᄐᆞ 니 ·라

ㄷ ·ᄂᆞᆫ 舌 ·쎠ᇙ 音 ᅙᅳᆷ ·이 ·니 如 ᅀᅧᇰ 斗 :두ᇹ ㅸ 字 ·ᄍᆞᇰ
初 초ᇰ 發 ·버ᇙ 聲 셔ᇰ ᄒᆞ ·니 並 ·뼈ᇰ 書 셔ᇰ ᄒᆞ ·면 如
ᅀᅧᇰ 覃 땀 ㅂ 字 ·ᄍᆞᇰ 初 초ᇰ 發 ·버ᇙ 聲 셔ᇰ ᄒᆞ ·니 ·라
[舌 ·쎠ᇙ ·은 ·혜 ·라.]

ㄷ ·ᄂᆞᆫ ·혀 쏘 ·리 ·니 斗 :두ᇹ ㅸ 字 ·ᄍᆞᇰ ·처 ᅀᅥᆷ ·펴
·아 ·나 ᄂᆞᆫ 소 ·리 ·ᄀᆞ ᄐᆞ ·니 ᄀᆞᆯ ·ᄫᅡ ·ᄡᅳ ·면 覃 땀
ㅂ 字 ·ᄍᆞᇰ ·처 ᅀᅥᆷ ·펴 ·아 ·나 ᄂᆞᆫ 소 ·리 ·ᄀᆞ ·ᄐᆞ 니

·라

ㅌ ·ᄂᆞᆫ 舌 ·쎯 音 ᅙᅳᆷ ·이 ·니 如 ᅀᅧᆼ 呑 ᄐᆞᆫ ㄷ 字 ·ᄍᆞᆼ
初 총 發 ·벓 聲 셩 ᄒᆞ ·니 ·라

ㅌ ·ᄂᆞᆫ ·혀 쏘 ·리 ·니 呑 ᄐᆞᆫ ㄷ 字 ·ᄍᆞᆼ ·처 ᅀᅥᆷ ·펴
·아 ·나 ᄂᆞᆫ 소 ·리 ·ᄀᆞ ·ᄐᆞ 니 ·라

ㄴ ·ᄂᆞᆫ 舌 ·쎯 音 ᅙᅳᆷ ·이 ·니 如 ᅀᅧᆼ 那 낭 ㆆ 字 ·ᄍᆞᆼ
初 총 發 ·벓 聲 셩 ᄒᆞ ·니 ·라

ㄴ ·ᄂᆞᆫ ·혀 쏘 ·리 ·니 那 낭 ㆆ 字 ·ᄍᆞᆼ ·처 ᅀᅥᆷ ·펴
·아 ·나 ᄂᆞᆫ 소 ·리 ·ᄀᆞ ·ᄐᆞ 니 ·라

ㅂ ·ᄂᆞᆫ 脣 쓘 音 ᅙᅳᆷ ·이 ·니 如 ᅀᅧᆼ 彆 ·볋 字 ·ᄍᆞᆼ 初
총 發 ·벓 聲 셩 ᄒᆞ ·니 並 ·뼝 書 셩 ᄒᆞ ·면 如 ᅀᅧᆼ
步 뽕 ㆆ 字 ·ᄍᆞᆼ 初 총 發 ·벓 聲 셩 ᄒᆞ ·니 ·라 [
脣 쓘 ·은 ·입 시 ·우 리 ·라.]

ㅂ ·ᄂᆞᆫ 입 시 ·울 쏘 ·리 ·니 彆 ·볋 字 ·ᄍᆞᆼ ·처 ᅀᅥᆷ
·펴 ·아 ·나 ᄂᆞᆫ 소 ·리 ·ᄀᆞ ᄐᆞ ·니 ᄀᆞᆯ ·바 ·쓰 ·면 步
뽕 ㆆ 字 ·ᄍᆞᆼ ·처 ᅀᅥᆷ ·펴 ·아 ·나 ᄂᆞᆫ 소 ·리 ·ᄀᆞ ·ᄐᆞ
니 ·라

ㅍ ·ᄂᆞᆫ 脣 쓘 音 ᅙᅳᆷ ·이 ·니 如 ᅀᅧᆼ 漂 푷 ㅸ 字 ·ᄍᆞᆼ
初 총 發 ·벓 聲 셩 ᄒᆞ ·니 ·라

ㅍ ·ᄂᆞᆫ 입 시 ·울 쏘 ·리 ·니 漂 푷 ㅸ 字 ·ᄍᆞᆼ ·처
ᅀᅥᆷ ·펴 ·아 ·나 ᄂᆞᆫ 소 ·리 ·ᄀᆞ ·ᄐᆞ 니 ·라

ㅁ ·ᄂᆞᆫ 脣 쓘 音 ᅙᅳᆷ ·이 ·니 如 ᅀᅧᆼ 彌 밍 ㆆ 字 ·ᄍᆞᆼ

初 총 發 ·벓 聲 셩 ᄒᆞ ·니 ·라

ㅁ ·ᄂᆞᆫ 입 시 ·울 쏘 ·리 ·니 彌 밍 ㆆ 字 ·쫑 ·처
섬 ·펴 ·아 ·나 ᄂᆞᆫ 소 ·리 ·ᄀᆞ ·ᄐᆞ 니 ·라

ㅈ ·ᄂᆞᆫ 齒 :칭 音 흠 ·이 ·니 如 ᅀᅧᆼ 即 ·즉 字 ·쫑 初
총 發 ·벓 聲 셩 ᄒᆞ ·니 並 ·뽕 書 셩 ᄒᆞ ·면 如 ᅀᅧᆼ
慈 쫑 ㆆ 字 ·쫑 初 총 發 ·벓 聲 셩 ᄒᆞ ·니 ·라 [
齒 :칭 ·ᄂᆞᆫ ·니 ·라 .]

ㅈ ·ᄂᆞᆫ ·니 쏘 ·리 ·니 即 ·즉 字 ·쫑 ·처 섬 ·펴 ·아
·나 ᄂᆞᆫ 소 ·리 ·ᄀᆞ ·ᄐᆞ ·니 ᄀᆞᆯ ·ᄫᅡ ·쓰 ·면 慈 쫑 ㆆ
字 ·쫑 ·처 섬 ·펴 ·아 ·나 ᄂᆞᆫ 소 ·리 ·ᄀᆞ ·ᄐᆞ 니 ·라

ㅊ ·ᄂᆞᆫ 齒 :칭 音 흠 ·이 ·니 如 ᅀᅧᆼ 侵 침 ㅂ 字 ·쫑
初 총 發 ·벓 聲 셩 ᄒᆞ ·니 ·라

ㅊ ·ᄂᆞᆫ ·니 쏘 ·리 ·니 侵 침 ㅂ 字 ·쫑 ·처 섬 ·펴
·아 ·나 ᄂᆞᆫ 소 ·리 ·ᄀᆞ ·ᄐᆞ 니 ·라

ㅅ ·ᄂᆞᆫ 齒 :칭 音 흠 ·이 ·니 如 ᅀᅧᆼ 戌 슗 字 ·쫑 初
총 發 ·벓 聲 셩 ᄒᆞ ·니 並 ·뽕 書 셩 ᄒᆞ ·면 如 ᅀᅧᆼ
邪 쌰 ㆆ 字 ·쫑 初 총 發 ·벓 聲 셩 ᄒᆞ ·니 ·라

ㅅ ·ᄂᆞᆫ ·니 쏘 ·리 ·니 戌 슗 字 ·쫑 ·처 섬 ·펴 ·아
·나 ᄂᆞᆫ 소 ·리 ·ᄀᆞ ·ᄐᆞ ·니 ᄀᆞᆯ ·ᄫᅡ ·쓰 ·면 邪 쌰 ㆆ
字 ·쫑 ·처 섬 ·펴 ·아 ·나 ᄂᆞᆫ 소 ·리 ·ᄀᆞ ·ᄐᆞ 니 ·라

ㆆ ·ᄂᆞᆫ 喉 훃 音 흠 ·이 ·니 如 ᅀᅧᆼ 挹 ·ᅙᅳᆸ 字 ·쫑 初
총 發 ·벓 聲 셩 ᄒᆞ ·니 ·라 [喉 훃 ᄂᆞᆫ 모 ·기 ·라 .
]

ㆆ ·ᄂᆞᆫ 목 소 ·리 ·니 挹 ·ᅙᅳᆸ 字 ·ᄍᆞᆼ ·처 ᅀᅥᆷ ·펴 ·아
·나 ᄂᆞᆫ 소 ·리 ·ᄀᆞ ·ᄐᆞ 니 ·라

ㅎ ·ᄂᆞᆫ 喉 ᅘᅮᇢ 音 ᅙᅳᆷ ·이 ·니 如 ᅀᅥᆼ 虛 헝 ㆆ 字 ·ᄍᆞᆼ
初 총 發 ·벓 聲 셩 ᄒᆞ ·니 並 ·뼝 書 셩 ᄒᆞ ·면 如
ᅀᅥᆼ 洪 ᅘᅩᇰ ㄱ 字 ·ᄍᆞᆼ 初 총 發 ·벓 聲 셩 ᄒᆞ ·니 ·라

ㅎ ·ᄂᆞᆫ 목 소 ·리 ·니 虛 헝 ㆆ 字 ·ᄍᆞᆼ ·처 ᅀᅥᆷ ·펴
·아 ·나 ᄂᆞᆫ 소 ·리 ·ᄀᆞ ᄐᆞ ·니 ᄀᆞᆯ ·바 ·ᄡᅳ ·면 洪 ᅘᅩᇰ
ㄱ 字 ·ᄍᆞᆼ ·처 ᅀᅥᆷ ·펴 ·아 ·나 ᄂᆞᆫ 소 ·리 ·ᄀᆞ ·ᄐᆞ 니
·라

ㅇ ·ᄂᆞᆫ 喉 ᅘᅮᇢ 音 ᅙᅳᆷ ·이 ·니 如 ᅀᅥᆼ 欲 ·욕 字 ·ᄍᆞᆼ 初
총 發 ·벓 聲 셩 ᄒᆞ ·니 ·라

ㅇ ·ᄂᆞᆫ 목 소 ·리 ·니 欲 ·욕 字 ·ᄍᆞᆼ ·처 ᅀᅥᆷ ·펴 ·아
·나 ᄂᆞᆫ 소 ·리 ·ᄀᆞ ·ᄐᆞ 니 ·라

ㄹ ·ᄂᆞᆫ 半 ·반 舌 ·쎠ᇙ 音 ᅙᅳᆷ ·이 ·니 如 ᅀᅥᆼ 閭 령 ㆆ
字 ·ᄍᆞᆼ 初 총 發 ·벓 聲 셩 ᄒᆞ ·니 ·라

ㄹ ·ᄂᆞᆫ 半 ·반 ·혀 쏘 ·리 ·니 閭 령 ㆆ 字 ·ᄍᆞᆼ ·처
ᅀᅥᆷ ·펴 ·아 ·나 ᄂᆞᆫ 소 ·리 ·ᄀᆞ ·ᄐᆞ 니 ·라

ㅿ ·ᄂᆞᆫ 半 ·반 齒 :칭 音 ᅙᅳᆷ ·이 ·니 如 ᅀᅥᆼ 穰 ᅀᅣᆼ ㄱ
字 ·ᄍᆞᆼ 初 총 發 ·벓 聲 셩 ᄒᆞ ·니 ·라

ㅿ ·ᄂᆞᆫ 半 ·반 ·니 쏘 ·리 ·니 穰 ᅀᅣᆼ ㄱ 字 ·ᄍᆞᆼ ·처
ᅀᅥᆷ ·펴 ·아 ·나 ᄂᆞᆫ 소 ·리 ·ᄀᆞ ·ᄐᆞ 니 ·라

ㆍ ·ᄂᆞᆫ 如 ᅀᅥᆼ 呑 ᄐᆞᆫ ㄷ 字 ·ᄍᆞᆼ 中 듕 聲 셩 ᄒᆞ ·니

·라 [中 듕 은 가 ·온 ·ᄃᆡ ·라 .]

ㆍ ·ᄂᆞᆫ 呑 ᄐᆞᆫ ㄷ 字 ·ᄍᆞᆼ 가 ·온 ·ᄃᆡᆺ 소 ·리 ·ᄀᆞ ·ᄐᆞ 니 ·라

ㅡ 는 如 셩 卽 ·즉 字 ·ᄍᆞᆼ 中 듕 聲 셩 ᄒᆞ ·니 ·라

ㅡ 는 卽 ·즉 字 ·ᄍᆞᆼ 가 ·온 ·ᄃᆡᆺ 소 ·리 ·ᄀᆞ ·ᄐᆞ 니 ·라

ㅣ ·ᄂᆞᆫ 如 셩 侵 침 ㅂ 字 ·ᄍᆞᆼ 中 듕 聲 셩 ᄒᆞ ·니 ·라

ㅣ ·ᄂᆞᆫ 侵 침 ㅂ 字 ·ᄍᆞᆼ 가 ·온 ·ᄃᆡᆺ 소 ·리 ·ᄀᆞ ·ᄐᆞ 니 ·라

ㅗ ·ᄂᆞᆫ 如 셩 洪 ᅘᅩᆼ ㄱ 字 ·ᄍᆞᆼ 中 듕 聲 셩 ᄒᆞ ·니 ·라

ㅗ ·ᄂᆞᆫ 洪 ᅘᅩᆼ ㄱ 字 ·ᄍᆞᆼ 가 ·온 ·ᄃᆡᆺ 소 ·리 ·ᄀᆞ ·ᄐᆞ 니 ·라

ㅏ ·ᄂᆞᆫ 如 셩 覃 땀 ㅂ 字 ·ᄍᆞᆼ 中 듕 聲 셩 ᄒᆞ ·니 ·라

ㅏ ·ᄂᆞᆫ 覃 땀 ㅂ 字 ·ᄍᆞᆼ 가 ·온 ·ᄃᆡᆺ 소 ·리 ·ᄀᆞ ·ᄐᆞ 니 ·라

ㅜ 는 如 셩 君 군 ㄷ 字 ·ᄍᆞᆼ 中 듕 聲 셩 ᄒᆞ ·니 ·라

ㅜ는 君군ㄷ字·ᄍᆞᆼ 가온·딧 소·리 ·ᄀᆞ·ᄐᆞ니·라

ㅓ는 如ᅀᅧᆼ業·업字·ᄍᆞᆼ 中듕聲셩 ᄒᆞ·니·라

ㅓ는 業·업字·ᄍᆞᆼ 가온·딧 소·리 ·ᄀᆞ·ᄐᆞ니·라

ㅛ·는 如ᅀᅧᆼ欲·욕字·ᄍᆞᆼ 中듕聲셩 ᄒᆞ·니·라

ㅛ·는 欲·욕字·ᄍᆞᆼ 가온·딧 소·리 ·ᄀᆞ·ᄐᆞ니·라

ㅑ·는 如ᅀᅧᆼ穰ᅀᅣᇰㄱ字·ᄍᆞᆼ 中듕聲셩 ᄒᆞ·니·라

ㅑ·는 穰ᅀᅣᇰㄱ字·ᄍᆞᆼ 가온·딧 소·리 ·ᄀᆞ·ᄐᆞ니·라

ㅠ는 如ᅀᅧᆼ戌·ᄉᆑᇙ字·ᄍᆞᆼ 中듕聲셩 ᄒᆞ·니·라

ㅠ는 戌·ᄉᆑᇙ字·ᄍᆞᆼ 가온·딧 소·리 ·ᄀᆞ·ᄐᆞ니·라

ㅕ는 如ᅀᅧᆼ彆·볋字·ᄍᆞᆼ 中듕聲셩 ᄒᆞ·니·라

ㅕ는 彆·볋字·ᄍᆞᆼ 가온·딧 소·리 ·ᄀᆞ·ᄐᆞ니·라

終즁聲셩은 復·뿍用·용初총聲셩·ᄒᆞᄂᆞ니·라 [復뿍는 다·시 ·ᄒᆞ논 ᄠᅳ디·라.]

乃 :냉 終 즁 ㄱ 소 ·리 ·ᄂᆞᆫ 다 ·시 ·첫 소 ·리 ·ᄅᆞᆯ
·ᄡᅳ ·ᄂᆞ 니 ·라

ㅇ ·ᄅᆞᆯ 連 련 書 셩 脣 쓘 音 ᅙᅳᆷ 之 징 下 :ᅘᅣᆼ ᄒᆞ
·면 則 ·즉 爲 윙 脣 쓘 輕 켱 音 ᅙᅳᆷ ·ᄒᆞ ·ᄂᆞ 니 ·라
[連 련 ·은 니 ·슬 ·씨 ·라. 下 :ᅘᅣᆼ ·ᄂᆞᆫ 아 ·래 ·라. 則
·즉 ·은 :아 ·ᄆᆞ 리 ᄒᆞ ·면 ·ᄒᆞ ᄂᆞᆫ ·겨 ·체 ·ᄡᅳ ᄂᆞᆫ 字 ·ᄍᆞᆼ
ㅣ ·라. 爲 윙 ·ᄂᆞᆫ ᄃᆞ ·욀 ·씨 ·라. 輕 켱 ·은 가 ·ᄇᆡ 야
·ᄫᆞᆯ ·씨 ·라.]

ㅇ ·ᄅᆞᆯ 입 시 ·울 쏘 ·리 아 ·래 니 ·ᅀᅥ ·ᄡᅳ ·면 입
시 ·울 가 ·ᄇᆡ 야 ·ᄫᆞᆫ 소 ·리 ᄃᆞ 외 ·ᄂᆞ ·니 ·라

初 총 聲 셩 ·을 合 ᅘᅡᆸ 用 ·용 ᄒᆞᇙ ·디 ·면 則 ·즉 並
·뼝 書 셩 ᄒᆞ ·라 終 즁 聲 셩 ·도 同 똥 ᄒᆞ ·니 ·라
[合 ᅘᅡᆸ ·ᄋᆞᆫ 어 ·울 ·씨 ·라. 同 똥 ·ᄋᆞᆫ ᄒᆞᆫ 가 ·지 ·라
·ᄒᆞ 논 ·ᄠᅳ 디 ·라.]

·첫 소 ·리 ·ᄅᆞᆯ 어 ·울 ·워 ·ᄡᅮᇙ ·디 ·면 ·ᄀᆞᆯ ·ᄫᅡ ·ᄡᅳ ·라
乃 :냉 終 즁 ㄱ 소 ·리 ·도 ᄒᆞᆫ 가 ·지 ·라

· ㅡ ㅗ ㅜ ㅛ ㅠ ·란 附 뿡 書 셩 初 총 聲 셩
之 징 下 :ᅘᅣᆼ ᄒᆞ ·고 [附 뿡 ·ᄂᆞᆫ ·브 ·틀 ·씨 ·라.]

· ·와 ㅡ ·와 ㅗ ·와 ㅜ ·와 ㅛ ·와 ㅠ ·와 ·란 ·첫
소 ·리 아 ·래 브 ·텨 ·ᄡᅳ ·고

ㅣ ㅏ ㅓ ㅑ ㅕ ·란 附 뿡 書 셩 於 ᅙᅥᆼ 右 :ᅌᅮᇢ ᄒᆞ
·라 [右 :ᅌᅮᇢ ·ᄂᆞᆫ ·올 ᄒᆞᆫ 녀 ·기 ·라.]

ㅣ ·와 ㅏ ·와 ㅓ ·와 ㅑ ·와 ㅕ ·와 ·란 ·올 ᄒᆞᆫ 녀 ·긔 브 ·텨 ᄡᅳ ·라

凡 뻠 字 ·쫑 ㅣ 必 ·빓 合 ·햅 而 ᅀᅵᆼ 成 쎵 音 ᅙᅳᆷ ·ᄒᆞ ᄂᆞ ·니 [凡 뻠 ·은 믈 읫 ·ᄒᆞ 논 ᄠᅳ 디 ·라. 必 ·빓 ·은 모 ·로 ·매 ·ᄒᆞ 논 ᄠᅳ 디 ·라. 成 쎵 ·은 :일 ·씨 ·라.]

믈 읫 字 ·쫑 ㅣ 모 로 ·매 어 ·우 러 ·ᅀᅡ 소 ·리 :이 ᄂᆞ ·니

左 :장 加 강 一 ·ᅙᅵᇙ 點 :뎜 ᄒᆞ ·면 則 ·즉 去 ·컹 聲 셩 ·이 ·오 [左 :장 ·ᄂᆞᆫ :왼 녀 ·기 ·라. 加 강 ·ᄂᆞᆫ 더 을 ·씨 ·라. 一 ·ᅙᅵᇙ ·ᄋᆞᆫ ᄒᆞ 나 ·히 ·라. 去 ·컹 聲 셩 ·은 ·ᄆᆞᆺ 노 ·ᄑᆞᆫ 소 ·리 ·라.]

:왼 녀 ·긔 ᄒᆞᆫ 點 :뎜 ·을 더 으 ·면 ·ᄆᆞᆺ 노 ·ᄑᆞᆫ 소 ·리 ·오

二 ·ᅀᅵᆼ 則 ·즉 上 :썅 聲 셩 ·이 ·오 [二 ·ᅀᅵᆼ ·ᄂᆞᆫ :둘 히 ·라. 上 :썅 聲 셩 ·은 ·처 ᅀᅥ ·미 ᄂᆞᆽ :갑 ·고 乃 :냉 終 즁 ·이 노 ·ᄑᆞᆫ 소 ·리 ·라.]

點 :뎜 ·이 :둘 히 ·면 上 :썅 聲 셩 ·이 ·오

無 뭉 則 ·즉 平 뼝 聲 셩 ·이 ·오 [無 뭉 ·는 :업 슬 ·씨 ·라. 平 뼝 聲 셩 ·은 ·ᄆᆞᆺ ᄂᆞᆽ 가 ·ᄫᆞᆫ 소 ·리 ·라.]

點 :뎜 ·이 :업 스 ·면 平 뼝 聲 셩 ·이 ·오

入·십聲셩·은加강點:뎜·이同똥而싱促·쵹急·급ᄒᆞ·니·라[入·십聲셩·은ᄲᆞᆯ·리긋돋ᄂᆞᆫ소·리·라.促·쵹急·급·은ᄲᆞᄅᆞᆯ·씨·라.]

入·십聲셩·은點:뎜더·우·믄ᄒᆞᆫ가·지로·ᄃᆡᄲᆞᄅᆞ·니·라

漢·한音흠齒:칭聲셩·은有:ᇢ齒:칭頭뚷正·졍齒:칭之징別·볋ᄒᆞ·니[漢·한音흠·은中듕國·귁소·리·라.頭뚷ᄂᆞᆫ머·리·라.別·볋·은ᄀᆞᆯ·ᄒᆡᆯ·씨·라.]

中듕國·귁소·리·옛·니쏘·리·ᄂᆞᆫ齒:칭頭뚷·와正·졍齒:칭·왜ᄀᆞᆯ·ᄒᆡ요·미잇ᄂᆞ·니

ᅎᅔᅏᄼᄽ字·ᄍᆼ·ᄂᆞᆫ用·용於헝齒:칭頭뚷·ᄒᆞ고[·이소·리·ᄂᆞᆫ우·리나·랏소·리예·셔열·ᄫᅳ·니·혓·그·티웃·닛머·리·예다ᄔᆞ·니·라.]

ᅎᅔᅏᄼᄽ字·ᄍᆼ·ᄂᆞᆫ齒:칭頭뚷ㅅ소·리·예·쓰·고

ᅐᅕᅑᄾᄿ字·ᄍᆼ·ᄂᆞᆫ用·용於헝正·졍齒:칭·ᄒᆞᄂᆞ·니[·이소·리·ᄂᆞᆫ우·리나·랏소·리예·셔두터·ᄫᅳ·니·혓·그·티아·랫·닛므유·메다ᄔᆞ·니·라.]

ᅐᅕᅑᄾᄿ字·ᄍᆼ·ᄂᆞᆫ正·졍齒:칭ㅅ소리·예·쓰ᄂᆞ·니

牙 앙 舌 ·ᄊᆑᇙ 脣 ᄊᆔᆫ 喉 ᅘᅮᆼ 之 징 字 ·ᄍᆼ ·ᄂᆞᆫ 通 통
用 ·용 於 ᅙᅥᆼ 漢 ·한 音 ᅙᅳᆷ ·ᄒᆞ ·ᄂᆞ 니 ·라

:엄 ·과 ·혀 ·와 입 시 ·울 ·와 목 소 ·리 ·옛 字 ·ᄍᆼ
·ᄂᆞᆫ 中 듕 國 ·귁 소 ·리 ·예 通 통 ·히 ·ᄡᅳ ·ᄂᆞ 니
·라

訓 ·훈 民 민 正 ·졍 音 ᅙᅳᆷ

【注釈】

님금：王
지ᅀᅳ샨：お作りになった
ᄀᆞᄅᆞ칠：教える
다ᄅᆞᆯ：異なる
ᄉᆞᄆᆞᄎᆞᆯ：通じる
젼ᄎᆞ：わけ
어린：愚かな
시러：得て
노미：者が
하니라：多いのである
어엿비：あわれに
너겨：思い
ᄆᆡᆼᄀᆞᄅᆞ실：お作りになられる
ᄒᆡᅇᅧ：して
쉬ᄫᅳᆯ：易しい
니길：習う
ᄡᅳᆯ：用いる、使う
ᄯᆞᄅᆞ미라：のみである、だけである
ᄠᅳ디라：意味である
수ᄫᅵ：たやすく
어미라：奥歯である
ᄀᆞᆯ바쓰면：並べて書けば
처ᅀᅥᆷ：初めて
입시울：唇
니：歯
가온ᄃᆡ：中
ᄃᆞ욀：なる
가ᄇᆡ야ᄫᆞᆯ：軽い
니ᅀᅥ쓰면：続けて書けば
어울：合わせる
ᄒᆞᆫ가지：同じ
ᄡᅳᇙ디면：用いようとするならば
브틀：付く
브텨：付けて
올ᄒᆞᆫ녀긔：右側に
믈읫：およそ

모로매：すべからく、必ず
일：成る
어우러ᅀᅡ：合わさってこそ
왼녀기라：左側である
더을：加える
ᄒᆞ나히라：一つである
ᄆᆞᆺ：最も
노ᄑᆞᆫ：高い
둘히라：二つである
ᄂᆞᆽ갑고：低く
업슬：ない
ᄂᆞᆽ가ᄫᆞᆫ：低い
ᄲᆞᆯ리：早く
긋ᄃᆞᄂᆞᆫ：終わる
ᄀᆞᆯ힐：分ける
예셔：より
열ᄫᅳ니：薄いので
웃：上の
다ᄂᆞ니라：付くのである
두터ᄫᅳ니：厚いので
닛므유메：歯茎に

【参考文献】
박종국・허웅・장세경역주(1992)『역주 월인석보 제1・2』 세종대왕기념사업회
趙義成訳注(2010)『訓民正音』　平凡社
福井玲(2013)『韓国語音韻史の研究』　三省堂

第２課「月印釈譜」

【資料解説】

朝鮮朝第4代の王、世宗は、息子の首陽大君に命じ、世宗の正妃であり、首陽大君の母であった昭憲王后の冥福を祈るために、『釈譜詳節』を作らせた。『釈譜詳節』は、釈迦の生涯や、釈迦の前世における話が書かれているが、漢文経典の中から、釈迦に関する話の中で重要なものを選び、創制されてまもない訓民正音を用いて、朝鮮語で書かれたものであり、1447年に完成した。父である世宗は、『釈譜詳節』を読んで、その内容に関して、仏を讃える歌を作った。これが『月印千江之曲』である。『月印千江之曲』の完成時期は、1447年か1448年と推定されている。1450年に世宗が没し、世宗の長子が即位して文宗となったが、文宗は2年で没し、文宗の息子が即位して端宗となった。ところが、叔父である首陽大君が政権を掌握し、端宗を江原道に追放して、1455年、国王となった。これが世祖である。世祖が即位して3年目の1457年に世祖の長子の桃源君が夭折した。世祖は、亡き父母と亡き子供のために、昔作った『釈譜詳節』を修正し、父世宗の作った『月印千江之曲』と合篇して『月印釈譜』を作った。『月印釈譜』は1459年に完成した。『月印釈譜』の本文は、まず『月印千江之曲』の歌を大文字で掲げ、続いてその歌を説明するように、『釈譜詳節』を載せている。

ここでは、『月印釈譜』の中の「月印千江之曲第一　釈譜詳節第一」の初めの部分を紹介する。

【本文】

月 ·ᅌᅯᇙ 印 ·ᅙᅵᆫ 千 쳔 江 강 之 징 曲 ·콕 第 ·뗑 一
·ᅙᅵᇙ [부 :톄 百 ·ᄇᆡᆨ 億 ·ᅙᅳᆨ 世 ·솅 界 ·갱 ·예 化 ·황

身 신 ·ᄒᆞ ·야 教 ·ᄀᆛᇢ 化 ᅘᅪᆼ ·ᄒᆞ 샤 ·미 ·ᄃᆞ 리 ·ᄌᆞ 믄
ᄆᆞ ·ᄅᆞ ·매 비 ·취 요 ·미 ·ᄀᆞᆫ ᄒᆞ ·니 ·라. 第 ·뗑 ·ᄂᆞᆫ 次
ᄎᆼ 第 ·뗑 ·라.]
釋 ·셕 譜 :봉 詳 썅 節 ·져ᇙ 第 ·뗑 一 ·ᅙᅵᇙ

其 끵 一 ·ᅙᅵᇙ
巍 윙 巍 윙 釋 ·셕 迦 강 佛 ·뿛 無 뭉 量 ·량 無
뭉 邊 변 功 공 德 ·득 ·을 劫 ·겁 劫 ·겁 ·에 어 ·느
:다 ᄉᆞᆶ ·ᄫᆞ ·리 [巍 윙 巍 윙 ·ᄂᆞᆫ 놉 ·고 클 ·씨 ·라.
邊 변 ·ᄋᆞᆫ :ᄀᆞᇫ ᅀᅵ ·라.]

其 끵 二 ·ᅀᅵᆼ
世 ·솅 尊 존 ㅅ :일 ᄉᆞᆶ ·보 리 ·니 萬 ·먼 里 :링 外
·욍 ㅅ :일 ·이 시 ·나 눈 ·에 ·보 논 ·가 너 ·기 ᅀᆞ ·ᄫᆞ
쇼 ·셔 [萬 ·먼 里 :링 外 ·욍 ·ᄂᆞᆫ 萬 ·먼 里 :링 밧
·기 ·라.]
世 ·솅 尊 존 ㅅ :말 ᄉᆞᆶ ·보 리 ·니 千 쳔 載 :ᄌᆡᆼ 上
·썅 ㅅ :말 ·이 시 ·나 귀 ·예 듣 ·논 가 너 ·기 ᅀᆞ ·ᄫᆞ
쇼 ·셔 [千 쳔 載 :ᄌᆡᆼ 上 ·썅 ·ᄋᆞᆫ ·ᄌᆞ 믄 ·ᄒᆡᆺ 우 ·히
·라.]

其 끵 三 삼
阿 ᅙᅡᆼ 僧 승 祇 낑 前 쪈 世 ·솅 劫 ·겁 ·에 :님 ·금
位 ·윙 ᄅᆞ ᄇᆞ ·리 ·샤 精 졍 舍 샹 ·애 안 ·잿 ·더 시
·니
五 :ᅌᅩᆼ 百 ·ᄇᆡᆨ 前 쪈 世 ·솅 怨 ᅙᅯᆫ 讐 쓔ᇢ ㅣ 나 ·랏
:쳔 일 버 ·ᅀᅡ 精 졍 舍 샹 ·ᄅᆞᆯ :디 ·나 ·아 가 ·니

其 끵 四 ·ᄉᆞᆼ
兄 ᅘᅧᆼ :님 ·을 모 ·ᄅᆞᆯ ·씨 ·발 자 ·쵤 바 ·다 남 ·ᄀᆡ :ᄢᅦ
·여 性 ·셩 命 ·명 ·을 ᄆᆞ ᄎᆞ ·시 ·니

子 :즈ᇰ 息 ·식 :업 ·스 실 ·ᄊᆡ 몸 ·앳 ·필 뫼 ·화 그 ·르
·세 담 ·아 男 남 女 :녕 ·ᄅᆞᆯ :내 ·ᅀᆞ ᄫᆞ ·니

其 끵 五 :옹
:어 ·엿 브 ·신 命 ·명 終 즁 ·에 甘 감 蔗 ·쟝 氏 :씽
:니 ·ᅀᆞ 샤 ·ᄆᆞᆯ 大 ·땡 瞿 꿍 曇 땀 ·이 일 ·우 ·니 이
·다
·아 ·득 ᄒᆞᆫ 後 :ᅘᅮᇢ 世 ·솅 ·예 釋 ·셕 迦 강 佛 ·뿛 ᄃᆞ
외 ·ᄉᆞᆲ ·ᄃᆞᆯ 普 :퐁 光 광 佛 ·뿛 ·이 니 ᄅᆞ ·시 ·니 이
·다

其 끵 六 ·륙
外 ·욍 道 :또ᇢ 人 ᅀᅵᆫ 五 :옹 百 ·ᄇᆡᆨ ·이 善 :쎤 慧 ·ᅘᅰᆼ
ᄉ 德 ·득 닙 ᄉᆞ ·바 弟 :뗑 子 :즈ᇰ ㅣ ᄃᆞ 외 ·야 銀
은 :돈 ·ᄋᆞᆯ 받 ᄌᆞ ·ᄫᆞ ·니
賣 ·맹 花 황 女 :녕 俱 궁 夷 잉 善 :쎤 慧 ·ᅘᅰᆼ ᄉ
·ᄠᅳᆮ :아 ᅀᆞ ·바 夫 붕 妻 쳉 願 ·원 ·으 ·로 고 ·ᄌᆞᆯ 받
ᄌᆞ ·ᄫᆞ 시 ·니

其 끵 七 ·칧
다 ·ᄉᆞᆺ 곶 :두 고 ·지 空 콩 中 듕 ·에 머 ·믈 어 ·늘
天 텬 龍 룡 八 ·밣 部 :뽕 ㅣ 讚 ·잔 嘆 ·탄 ·ᄒᆞ ·ᅀᆞ
ᄫᆞ ·니
·옷 ·과 마 ·리 ·ᄅᆞᆯ 路 ·롱 中 듕 ·에 ·펴 ·아 시 ·ᄂᆞᆯ 普
:퐁 光 광 佛 ·뿛 ·이 ·ᄯᅩ 授 ·쓩 記 ·긩 ·ᄒᆞ 시 ·니 [
路 ·롱 中 듕 ·은 ·ᄀᆞᆳ 가 ·온 ·ᄃᆡ ·라.]

其 끵 八 ·밣
닐 ·굽 고 ·ᄌᆞᆯ 因 ᅙᅵᆫ ·ᄒᆞ ·야 信 ·신 誓 ·쎙 기 프 ·실
·ᄊᆡ 世 ·셍 世 ·셍 ·예 妻 쳉 眷 ·권 ·이 ᄃᆞ 외 ·시 ·니
[誓 ·쎙 ·ᄂᆞᆫ 盟 ·명 誓 ·쎙 ·라.]

다·ᄉᆞᆺ·ᄭᅮᆷ·을因ᅙᅵᆫ·ᄒᆞ·야授쓩記긩ᄇᆞᆯᄀᆞ·실
·ᄊᆡ今금日·ᅀᅵᇙ·에世·솅尊존·이ᄃᆞ외·시·니

　:녯阿ᅙᅡᆼ僧승祇낑劫·겁時씽節·졇·에
[阿ᅙᅡᆼ僧승祇낑·ᄂᆞᆫ그·지:업슨數·숭ㅣ
·라·ᄒᆞ논:마리·라.劫·겁·은時씽節·졇·이·라
·ᄒᆞ논·ᄠᅳ디·라.]ᄒᆞᆫ菩뽕薩·삻·이王왕ᄃᆞ
외·야:겨·샤[菩뽕薩·삻·ᄋᆞᆫ菩뽕提똉薩
·삻埵:돵ㅣ·라ᄒᆞᆫ:마·ᄅᆞᆯ조·려니ᄅᆞ·니菩뽕
提똉·ᄂᆞᆫ부텻道:또ᇹ理:링·오薩·삻埵:돵·ᄂᆞᆫ
衆·즁生싱·ᄋᆞᆯ일·울·씨·니부텻道:또ᇹ理:링
·로衆즁生싱濟·졩度·똥·ᄒᆞ·시ᄂᆞᆫ:사ᄅᆞ·ᄆᆞᆯ
菩뽕薩·삻·이시·다·ᄒᆞ·ᄂᆞ니·라.]나·라·ᄒᆞᆯ
아ᅀᆞ맛·디시·고道:또ᇹ理:링ᄇᆡ·호·라·나·아
·가·샤瞿꿍曇땀婆빵羅랑門몬·을맛·나
·샤[瞿꿍曇땀·ᄋᆞᆫ姓·셩·이·라.婆빵羅랑
門몬·은·조ᄒᆞᆫ:ᄒᆡᆼ·뎌기·라·ᄒᆞ논:마리·니:뫼
·해·드·러:일:업·시이·셔:ᄒᆡᆼ·뎌기·조ᄒᆞᆫ:사ᄅᆞ
미·라.]ᄌᆞ걋·오ᄉᆞ·란밧·고瞿꿍曇땀·ᄋᆡ
·오·ᄉᆞᆯ니브·샤深심山산·애·드·러果:광實
·씨ᇙ·와·믈·와:좌시·고[深심山산·ᄋᆞᆫ기·픈
:뫼히·라.]坐:쫭禪쎤·ᄒᆞ·시다·가[坐:쫭
禪쎤·은안·자이·셔기·픈道:또ᇹ理:링ᄉᆞ랑
ᄒᆞᆯ·씨·라.]나·라·해:빌머·그·라·오시·니:다
:몰·라·보·ᄉᆞᆸ더·니小:쇼ᇢ瞿꿍曇땀·이·라·ᄒᆞ
더·라[小:쇼ᇢ·ᄂᆞᆫ:져글·씨·라.]

　菩뽕薩·삻·이城쎵밧甘감蔗·쟝園원
·에[城쎵·은·자시·라.甘감蔗·쟝·ᄂᆞᆫ·프리
·니시믄:두:ᅀᅥ·힛자·히:나·ᄃᆡ·대·ᄀᆞᆮ·고기·리
·열·자남·ᄌᆞᆨᄒᆞ·니그汁·집·으·로沙상糖땅
·ᄋᆞᆯᄆᆡᆼ·ᄀᆞᄂᆞ·니·라.園원·은東동山산·이·라.

:조시시·ᅀᅥᄌᆞ훤·랫이·ᄉᆞᆲ菩·이曇·ᄉᆞᆲ羅大·라:묻罪ᄒᆞ론孫孫뭉·이瞿·고·라두·이道·올
·ᄂᆞᆫ·더·ᄉᆞ버도怨:아·해薩[·로꿍薩빵·니니·와·ᄉᆞᆺ·ᄃᆡ論·ᄋᆞᆫ·며:無왕·땡:쎱도·마쎵·ᄂᆞᆫ·ᄉᆞᆲ
·샹잇다일그ㅅ·ᄋᆞᆫ·라뽕·니:찡瞿뽕婆ᄒᆞ·누·라무샤·ᅌᅵᆼ손리·ᄅᆞᆯ王大녀·애다誠:쌍薩
舍·자·ᄂᆞᆫ·슬·니싱싱나菩더罪·땡菩·씨·라·ᄂᆞᆭᄂᆞ·니·ᄒᆞ議孫·ᄃᆞ:ᄌᆞᆼ그·라·애·샹·단졍士뽕
졍안:옹거가生生·래그·뒷·손大[홀·이하·애더·답·올·오아子]니관舍·피精:똥菩
精·ᅀᅡ五윗·나·솅·솅나·아·바지]·고·다땀·ᄋᆞᆫ콩:업答손리·ᄋᆞᆫ손·라.·ᄫᆞ棺졍녁ㅣ道·니
[오[그:디世世·듫·가ᅀᆞ·애·라.보시曇:안空·식·됭孫·ᄃᆞ손孫리ᅀᆞ·여精ᄒᆞᆫ:ᄍᆞᆼ[미
·오ᄒᆞ·이]·로쪈쪈이·다:ᄢᅦ싱니·로·이꿍眼헝息對:ᄌᆞᆼ아孫ㅅ:마·기·리·져·올士·면·ᄅᆞ
·ᄀᆞᆯ]·빅·라.·ᄐᆞ前前]바·ᄆᆞᆯ生·시·ᄋᆞ땀瞿텬虛:ᄌᆞᆼ·이子·ᄂᆞᆫ:ᄌᆞᆼ:ᅘᅮᇢ·온주ᄢᅳ가·고:똥·디:사
밍·라.百니겨ㅅ[·라.최·모쪈·ᄒᆞ:안曇·땡天]子·ᄉᆞᆲ·니:ᄌᆞᆼ子後닐·아·허·파:담道단·ᄂᆞᆫ
·샹·비:옹·오ㅅ·ᄉᆞᆲ·라·이자·ᄀᆡ前:콩眼꿍大·라.·라.:디薩어子·니·며·리·쏘슬·ᄀᆞᆯ·단·이·ᄒᆞ·호
舍지五·ᄋᆞᆫ·샹薩러싱·ᄀᆡ남·이苦텬瞿·을·씨리그뽕·내[ㅣㅣ·ᄂᆞ·려·이홀·피·ᄃᆡ끅빅
졍·ᄂᆞᆫᄌᆞᆨ·빅舍뽕ㅣ生ᄌᆞ·바·ᄉᆞᆲ:쓩天:숑몬·클:마·ᄃᆡ菩·글·여:ᄌᆞᆼ:ᄌᆞᆼ·히·브땀·든녁·오極:링
精·ᄒᆞ도百졍菩쓩·옛도자薩受·이小門·ᄂᆞᆫ논·보·오주·리子子숭름曇무:윈닐·징理
]심·니·오精·기讐:뉘·셔·올뽕·리땀·올랑·땡·ᄒᆞ·ᄌᆞ:찡·마ᄒᆞ손손數:사꿍·피·와·고至:똥

ᄉᆞᆯ ·ᄫᆞ 니 ·라.] 하 ·ᄂᆞᆯ ·히 당 다 이 ·이 ·피 ·ᄅᆞᆯ :사
ᄅᆞᆷ ᄃᆞ 외 ·에 ·ᄒᆞ ·시 리 ·라 ·열 ·듨 :마 ·내 :왼 녁 ·피
·ᄂᆞᆫ 男 남 子 :ᄌᆞᆼ ㅣ ᄃᆞ 외 ·오 [男 남 子 :ᄌᆞᆼ ·ᄂᆞᆫ
남 지 ·니 ·라.] ·올 ᄒᆞᆫ 녁 ·피 ·ᄂᆞᆫ 女 :녕 子 :ᄌᆞᆼ ㅣ
ᄃᆞ 외 어 ·늘 [女 :녕 子 :ᄌᆞᆼ ·ᄂᆞᆫ :겨 지 ·비 ·라.]
姓 ·셩 ·을 瞿 꿍 曇 땀 氏 :씽 ·라 ·ᄒᆞ 더 ·니 [氏
:씽 ·ᄂᆞᆫ 姓 ·셩 ·ᄀᆞ ᄐᆞᆫ :마 리 ·라.] ·일 ·로 브 ·터 子
:ᄌᆞᆼ 孫 손 ·이 :니 ·ᅀᆞ 시 ·니 瞿 꿍 曇 땀 氏 :씽 다
·시 니 ·러 ·나 ·시 니 ·라 [小 :숗 瞿 꿍 曇 땀 ·이
甘 감 蔗 ·쟝 園 원 ·에 :사 ·ᄅᆞ 실 ·ᄊᆡ 甘 감 蔗 ·쟝
氏 :씽 라 ·도 ·ᄒᆞ ·더 니 ·라.]

【注釈】

부톄：仏が
ᄃᆞ리：月が
즈믄：千
ᄀᆞᄅᆞ매：川に
巍巍：巍巍（ぎぎ）、高く大きいさま
어느：どうやって
ᄉᆞᆯᄫᆞ리：申し上げようか
ᄀᆞᅀᅵ라：ほとりである
밧기라：外である
ᄇᆞ리샤：お捨てになり
안잿다시니：座っておられた
쳔：財産
일버ᅀᅡ：盗んで（「일버ᅀᅥ」と表記するのが正しい）
발자쵤：足跡を
남ᄀᆡ：木に
ᄢᅦ여：突き刺して
뫼화：集めて
어엿브신：おかわいそうな
아ᄃᆞᆨᄒᆞᆫ：はるかな
ᄠᅳᆮ：思い、意思
고ᄌᆞᆯ：花を
다ᄉᆞᆺ：五
마리：髪
가온ᄃᆡ：真ん中
닐굽：七
ᄭᅮᆷ：夢

녯：昔の
그지업슨：限りない
조려：縮めて
아ᅀᆞ：弟
맛디시고：お任せになって
ᄇᆡ호라：学ぼうと
맛나샤：お会いになって
조ᄒᆞᆫ：きよらかな
뫼해：山に
ᄌᆞ걋：自分の
밧고：脱いで
믈：水
좌시고：召し上がって
ᄉᆞ랑：考え
빌머그라：乞食をしに
밧：外
자시라：城である
프리니：草であり
두ᅀᅥ：二つほど
남ᄌᆞᆨ：余り
ᄆᆡᇰᄀᆞᄂᆞ니라：作るのである
조심：身を慎むこと
ᄒᆞ오ᅀᅡ：一人で
도ᄌᆞᆨ：盗賊
오니라：百である
그윗：官庁の
일버ᅀᅥ：盗んで
아랫뉘：過去世
이틄나래：翌日に
자최：跡
그디：そなた
ᄒᆞ마：もう
슬허：悲しんで
ᄢᅳ리여：包んで
ᄒᆞᆯᄀᆞᆯ：土を
왼녁：左側
닫：別に
올ᄒᆞᆫ녁：右側
당다이：必ず
남지니라：男である
겨지비라：女である

【参考文献】

朴炳采(1991)『論註 月印千江之曲』世英社
박종국・허웅・장세경역주(1992)『역주 월인석보 제1・2』세종대왕기념사업회
河瀬幸夫訳(2010)『釈譜詳節　上』春風社

第３課　高麗歌謡

高麗歌謡とは、高麗時代に創作された俗謡を言う。主に平民によって作られた。高麗時代には口伝えで伝えられていたが、朝鮮朝に入って、『楽学軌範(1493年成立)』や『楽章歌詞(16世紀に成立)』、『時用郷楽譜(成立年代未詳)』にその一部が載せられ、今日に伝わっている。ここでは、高麗歌謡の中から、「青山別曲」と「鄭石歌」をとりあげる。

（１）青山別曲

【資料解説】

作者・年代未詳。8連からなる。『楽章歌詞』に掲載されている。『時用郷楽譜』には曲と第1連が掲載されている。個人の創作とする見解と民謡であるとする見解がある。

【本文】

青山別曲

살어리 살어리랏다 靑山청산애 살어리랏다 멀위랑 ᄃᆞ래랑 먹고 靑山청산애 살어리랏다 얄리 얄리 얄랑셩 얄라리 얄라○우러라 우러라 새여 자고 니러 우러라 새여 널라와 시름 한 나도 자고 니러 우니로라 얄리 얄리 얄라셩 얄라리 얄라○가던 새 가던 새 본다 믈 아래 가던 새 본다 잉무든 장글란 가지고 믈 아래 가던 새 본다 얄리 얄리 얄라셩 얄라리 얄라○이링공 뎌링공 ᄒᆞ야 나즈란 디내와손뎌 오리도 가리도 업슨 바므란 또 엇디 호리라 얄리 얄리 얄라셩 얄라리 얄라○어듸라 더디던 돌코 누리라 마치던 돌코 믜리도 괴리도 업시 마자셔 우니노라 얄리 얄리 얄라셩 얄라리 얄라○살어리 살어리랏다 바ᄅᆞ래 살어리랏다 ᄂᆞᄆᆞ자기 구조개랑 먹고 바ᄅᆞ래 살어리랏다 얄리 얄리 얄라셩 얄라리 얄라○가다가 가다가 드로라 에졍지 가다가 드로라 사ᄉᆞ미 짒대예 올아셔 奚琴히금을 혀거를 드로라 얄리 얄리 얄라셩 얄라리 얄라○가다니 ᄇᆡ 브른 도긔 설진 강수를 비조라 조롱곳 누루기 미와 잡ᄉᆞ와니 내 엇디ᄒᆞ리잇고 얄리 얄리 얄라셩 얄라리 얄라

【注釈】

살어리랏다：住もうと思う
멀위：山ブドウ
다래：サルナシ
널라와：おまえより
한：多い
니러：起きて
우니로라：泣き続けているなあ
잉무든：苔むした
장그：農機具、兵器
믈：水
이링공　뎌링공：どうにかこうにか
나즈란：昼は
디내와손뎌：過ごしたとしても
오리：来る人
가리：行く人
업슨：いない
바므란：夜は
또：また
엇디：どのように
어듸라：どこへ
더디던：投げた
돌코：石か
누리라：誰に
마치던：当てた
믜리：憎む人
괴리：愛する人
바ᄅᆞ래：海に
ᄂᆞᄆᆞ자기：松菜（海辺に生える草の一種）
구조개：牡蠣と貝
드로라：聞くのである

에정지：台所
사ᄉᆞ미：鹿が
짒대：長い竿
올아셔：上って
혀거를：弾くのを
ᄇᆡ 브른 도긔：ふっくらとした甕に
설진：強い
강수를：強い酒を
조롱곳：ヒョウタンの花
누루기：麹が
미와：きつくて
잡ᄉᆞ와니：引き止めるので
엇디ᄒᆞ리잇고：どうしようか

【参考文献】
張徳順著／姜漢永・油谷幸利訳（1982）『韓国古典文学入門』　国書刊行会

（2）鄭石歌

【資料解説】
作者・年代未詳。６連からなる。『楽章歌詞』に掲載されている。『時用郷楽譜』には第１連が掲載されている。王の長寿を祈った歌、あるいは恋人に対する永遠の愛を歌った歌と解されている。

【本文】
딩아 돌하 當今당금에 계샹이다 딩아 돌하 當今당금에 계샹이다 先王聖代션왕셩ᄃᆡ예 노니ᄋᆞ와지이다○삭삭기 셰몰애 별헤 나ᄂᆞᆫ 삭삭기 셰몰애 별헤 나ᄂᆞᆫ 구은 밤 닷되를 심고이다○그 바미 우미 도다 삭 나거시아 그 바미 우미 도다 삭 나거시아 有德유덕ᄒᆞ신 님믈 여ᄒᆡᄋᆞ와지이다○玉옥으로 蓮련ㅅ고즐 사교이다 玉옥으로 蓮련ㅅ고즐 사교이다 바회 우희 接柱졉듀ᄒᆞ요이다○그 고지 三同삼동이 퓌거시아 그 고지 三同삼동이 퓌거시아 有德유덕ᄒᆞ신 님 여ᄒᆡᄋᆞ와지이다○므쇠로 텰릭을 ᄆᆞᆯ아 나ᄂᆞᆫ 므쇠로 텰릭을 ᄆᆞᆯ아 나ᄂᆞᆫ 鐵絲텰ᄉᆞ로 주롬 바고이다○그 오시 다 헐어시아 그 오시다 헐어시아 有德유덕ᄒᆞ신 님 여히ᄋᆞ와지이다○므쇠로 한쇼를 디여다가 므쇠로 한쇼를 디여다가 鐵樹山텰슈산애 노호이다○그 쇠 鐵草텰초를 머거아 그 쇠 鐵草텰초를 머거아 有德유덕ᄒᆞ신 님 여히ᄋᆞ와지이다○구스리 바회예 디신ᄃᆞᆯ 구스리 바회예 디신ᄃᆞᆯ 긴힛ᄃᆞᆫ 그츠리잇가○즈믄 ᄒᆡ를 외오곰 녀신ᄃᆞᆯ 즈믄 ᄒᆡ를 외오곰 녀신ᄃᆞᆯ 信신잇ᄃᆞᆫ 그츠리잇가

【注釈】

딩：金属で作った楽器、またはその音

돌：石で作った楽器、またはその音

계샹이다：いらっしゃいます

노니ᄋᆞ와지이다：遊びたいです

삭삭기：さらさらとした

셰몰애：こまかい砂

별헤：崖

나ᄂᆞᆫ：（囃子）

구은밤：焼栗

닷되：５升

심고이다：植えます

삭나거시아：芽が出てこそ

여히ᄋᆞ와지이다：お別れいたします

蓮련ㅅ고ᄌᆞᆯ：蓮の花を

사교이다：刻みます

바회：岩

우희：上に

接柱졉듀ᄒᆞ요이다：接ぎ木します

三同：３束、あるいは真冬

퓌거시아：咲いてこそ

므쇠：銑鉄

텰릭：武官の公服の一種

ᄆᆞᆯ아：裁断して
주롬：（衣服の）しわ、ひだ
바고이다：縫います
헐어시아：すりきれてこそ
한쇼：大きな牛
디여다가：造って
노호이다：置きます
디신ᄃᆞᆯ：落ちても
긴힛ᄃᆞᆫ：紐は
그츠리잇가：切れるでしょうか
즈믄：千
ᄒᆡ：年
외오곰：一人だけで
信신잇ᄃᆞᆫ：信こそは

【参考文献】

張徳順著／姜漢永・油谷幸利訳（1982）『韓国古典文学入門』　国書刊行会

第4課　時　調

【資料解説】

時調は、高麗時代に発生した短詩形文学で、朝鮮朝を経て、現在も創作されている。形式は、最も基本的な平時調は、初章[3・3, 3・3]、中章[3・3, 3・3]、終章[3・5・4・3]の3章からなる。初章・中章の3・3は、3·4ないし4·4に変更できるが、終章の3は変更できない。朝鮮朝後期になると、この定型を破ったより長い形式の「オッ時調」「辞説時調」が現れた。時調集に『樂學拾零(1713年成立)』『青丘永言(1728年成立)』『海東歌謠(1763年成立)』『歌曲源流(1876年成立)』などがある。

【本文】

白日ᄋᆞᆫ　西山에　지고　黃河ᄂᆞᆫ　東海로　든다
古來　英雄ᄋᆞᆫ　北邙ᄋᆞ로　가단　말가
두어라　物有盛衰니　恨ᄒᆞᆯ　줄이　이시랴
최　충〈樂學拾零・海東歌謠（一石本）〉

ᄒᆞᆫ　손에　가시를　들고　또　ᄒᆞᆫ　손에　막ᄃᆡ　들고
늙는　길　가시로　막고　오는　白髮　막ᄃᆡ로　치랴터니
白髮이　제　몬져　알고　즈럼길로　오더라
우　탁〈樂學拾零・海東歌謠（一石本）〉

梨花에　月白ᄒᆞ고　銀漢이　三更인　제
一枝　春心ᄋᆞᆯ　子規야　알냐마ᄂᆞᆫ
多情도　病인　양ᄒᆞ여　ᄌᆞᆷ　못　드러　ᄒᆞ노라
이　조년〈樂學拾零・青丘永言（珍本）〉

구룸이　無心툰　말이　아무도　虛浪ᄒᆞ다
中天에　써　이셔　任意로　ᄃᆞ니면서
구틱야　光明ᄒᆞᆫ　날빗쳘　ᄯᆞ라가며　덥ᄂᆞ니
이　존오〈樂學拾零・靑丘永言（珍本）〉

綠耳霜蹄　솔지게　먹여　시닉ㄷ물에　싯겨　타고
龍泉雪鍔을　들게　갈아　두러　메고
丈夫의　爲國忠節을　세워볼ㄱ가　ᄒᆞ노라
최　영〈歌曲源流〉

白雪이　ᄌᆞ자진　골에　구루미　머흐레라
반가운　梅花ᄂᆞᆫ　어닉　곳의　픠엿ᄂᆞᆫ고
夕陽에　홀로　셔　이셔　갈　곳　몰나　ᄒᆞ노라
이　색〈靑丘永言（珍本）〉

이런들　엇더ᄒᆞ며　저런들　엇더ᄒᆞ리
萬壽山　드렁츩이　얼거진들　긔　엇더ᄒᆞ리
우리도　이　ᄀᆞᆺ치　얼거져　百年ᄭᆞ지　누리리라
이　방원〈樂學拾零・靑丘永言（珍本）〉

이　몸이　주거　주거　一百　番　고쳐　주거
白骨이　塵土　되여　넉시라도　잇고　업고
님　向ᄒᆞᆫ　一片丹心이야　가실　줄이　이시랴
정　몽주〈樂學拾零・靑丘永言（珍本）〉

五百年　都邑地를　匹馬로　도라드니
山川은　依舊ᄒᆞ되　人傑은　간　듸　업다
어즈버　太平烟月이　꿈이런가　ᄒᆞ노라
길　재〈樂學拾零・靑丘永言（珍本）〉

興亡이　有數ᄒᆞ니　滿月臺도　秋草로다

五百年 王業이 牧笛에 부쳐시니
夕陽에 지나는 客이 눈물 계워 ᄒᆞ노라
원 천석〈樂學拾零・青丘永言(珍本)〉

仙人橋 나린 물이 紫霞洞에 흘너 드러
半千年 王業이 물 소ᄅᆡ ᄲᅮᆫ이로다
아희야 故國興亡을 무러 무ᄉᆞᆷ ᄒᆞ리오
정 도전〈青丘永言(洪氏本・가람本)〉

江湖에 봄이 드니 미친 興이 졀로 난다
濁醪 溪邊에 錦鱗魚 安酒ㅣ로다
이 몸이 閒暇히옴도 亦君恩이샷다
맹 사성〈樂學拾零・青丘永言(珍本)〉

大棗 볼 불근 골에 밤은 어이 ᄠᅳᆺ드르며
벼 뷘 그르헤 게는 어이 ᄂᆞ리ᄂᆞᆫ고
술 닉쟈 체쟝ᄉᆞ 도라 가니 아니 먹고 어이리
황 희〈海東歌謠(周氏本)〉

長白山에 旗를 ᄭᅩᆺ고 豆滿江에 ᄆᆞᆯ 싯기니
셕은 져 션ᄇᆡ야 우리 아니 ᄉᆞ나희냐
엇더타 凌烟閣上에 뉘 얼골을 그릴고
김 종서〈樂學拾零・青丘永言(珍本)〉

長劍을 ᄲᆡ혀 들고 白頭山에 올나 보니
大明 天地에 腥塵이 ᄌᆞᆷ겨셰라
언제나 南北 風塵을 헤쳐 볼고 ᄒᆞ노라
남 이〈青丘永言(珍本・가람本)〉

이 몸이 주거 가셔 무어시 될고 ᄒᆞ니
蓬萊山 第一峰에 落落長松 되야이셔

白雪이　滿乾坤훌　제　獨也靑靑ᄒᆞ리라
　　　　　　　　성　삼문〈樂學拾零・靑丘永言（珍本）〉

가마귀　눈비　마자　희ᄂᆞᆫ　듯　검노ᄆᆡ라
夜光　明月이　밤인들　어두우랴
님　向ᄒᆞᆫ　一片丹心이야　變ᄒᆞᆯ　줄이　이시랴
　　　　　　　　박　팽년〈樂學拾零・靑丘永言（珍本）〉

간　밤에　우던　여흘　슬피　우러　지내여다
이제야　ᄉᆡᆼ각ᄒᆞ니　님이　우러　보내도다
져　물이　거스리　흐르고져　나도　우러　녜리라
　　　　　　　　　원　호〈樂學拾零・靑丘永言（珍本）〉

千萬里　머나　먼　길에　고은　님　여희옵고
내　ᄆᆞ음　둘　ᄃᆡ　업서　냇ᄀᆞ에　안자시니
져　물도　ᄂᆡ　안　ᄀᆞᆺᄒᆞ여　우러　밤길　녜놋다
　　　　　　　　왕　방연〈樂學拾零・靑丘永言（珍本）〉

어져　내　일이야　그릴　줄을　모로던가
이시라　ᄒᆞ더면　가랴마ᄂᆞᆫ　제　구틔야
보내고　그리ᄂᆞᆫ　情은　나도　몰라　ᄒᆞ노라
　　　　　　　　황　진이〈樂學拾零・靑丘永言（珍本）〉

冬至ㅅ달　기나　긴　밤을　한　허리를　버혀　내여
春風　니불　아ᄅᆡ　서리　서리　너헛다가
어론님　오신　날　밤이여든　구뷔　구뷔　펴리라
　　　　　　　　황　진이〈樂學拾零・靑丘永言（珍本）〉

靑山裡　碧溪水야　수이　감을　자랑　마라
一到　滄海ᄒᆞ면　다시　오기　어려오니
明月이　滿空山ᄒᆞ니　쉬여　간들　엇더리

황　진이〈樂學拾零·青丘永言(珍本)〉

北天이　뭙다커늘　雨裝　업시　길을　나니
山에는　눈이　오고　들에는　촌　비로다
오늘은　촌　비　마자시니　얼어　잘싸　ᄒᆞ노라
임　제〈樂學拾零·海東歌謠(一石本)〉

어이　어러　자리　므스　일　어러　자리
鴛鴦枕　翡翠衾을　어듸　두고　어러　자리
오늘은　촌　비　마자시니　녹아　잘싸　ᄒᆞ노라
한우〈樂學拾零·海東歌謠(一石本)〉

이런들　엇더ᄒᆞ며　뎌런들　엇더ᄒᆞ료
草野　愚生이　이럿타　엇더ᄒᆞ료
ᄒᆞ믈며　泉石　膏肓을　고텨　므슴　ᄒᆞ료
이　황〈陶山六曲板本〉

泰山이　놉다　ᄒᆞ되　하늘　아래　뫼히로다
오르고　또　오르면　못　오를　리　업건마는
사름이　제　아니　오르고　뫼흘　놉다　ᄒᆞ더라
양　사언〈樂學拾零·青丘永言(珍本)〉

高山　九曲潭을　사름이　모로더니
誅茅　卜居ᄒᆞ니　벗님ᄂᆡ　다　오신다
어즈버　武夷를　想像ᄒᆞ고　學朱子를　ᄒᆞ리라
이　이〈樂學拾零·海東歌謠(一石本)〉

閑山셤　돌　불근　밤에　戍樓에　혼자　안자
큰　칼　녑희　ᄎᆞ고　기픈　시름　ᄒᆞ는　적에
어듸셔　一聲　胡笳는　나의　애를　긋나니
이　순신〈樂學拾零·青丘永言(珍本)〉

내 버디 몃치나 ᄒᆞ니 水石과 松竹이라
東山의 ᄃᆞᆯ 오르니 긔 더욱 반갑고야
두어라 이 다ᄉᆞᆺ 밧긔 또 더ᄒᆞ야 무엇 ᄒᆞ리
윤 선도〈孤山遺稿〉

구룸 빗치 조타 ᄒᆞ나 검기를 ᄌᆞ로ᄒᆞᆫ다
ᄇᆞ람 소ᄅᆡ ᄆᆞᆰ다 ᄒᆞ나 그칠 적이 하노매라
조코도 그츨 뉘 업기ᄂᆞᆫ 믈 ᄲᅮᆫ인가 ᄒᆞ노라
윤 선도〈孤山遺稿〉

고즌 므ᄉᆞ 일로 퓌며서 수이 디고
플은 어이 ᄒᆞ야 프르ᄂᆞᆫ ᄃᆞᆺ 누르ᄂᆞ니
아마도 변치 아닐 ᄉᆞᆫ 바회 ᄲᅮᆫ인가 ᄒᆞ노라
윤 선도〈孤山遺稿〉

더우면 곳 퓌고 치우면 닙 디거ᄂᆞᆯ
솔아 너ᄂᆞᆫ 엇디 눈 서리를 모ᄅᆞᄂᆞᆫ다
九泉의 불희 고ᄃᆞᆫ 줄을 글로 ᄒᆞ야 아노라
윤 선도〈孤山遺稿〉

나모도 아닌 거시 플도 아닌 거시
곳기ᄂᆞᆫ 뉘 시기며 속은 어이 뷔연ᄂᆞᆫ다
뎌러코 ᄉᆞ시예 프르니 그를 됴하 ᄒᆞ노라
윤 선도〈孤山遺稿〉

쟈근 거시 노피 떠셔 萬物을 다 비취니
밤듕의 光明이 너만 ᄒᆞ니 또 잇ᄂᆞ냐
보고도 말 아니ᄒᆞ니 내 벋인가 ᄒᆞ니라
윤 선도〈孤山遺稿〉

阿彌陀佛　阿彌陀佛ᄒᆞ야　一心이오　不亂이면
阿彌陀佛이　即現目前　ᄒᆞᄂᆞ니
臨終애　阿彌陀佛　阿彌陀佛ᄒᆞ면　往生極樂ᄒᆞ리라
침굉대사〈枕肱集〉

小園　百花叢에　ᄂᆞ니ᄂᆞᆫ　나뷔들아
香내를　됴히　너겨　가지　마다　안지　마라
夕陽에　숨ᄭᅮ즌　거믜ᄂᆞᆫ　그물　걸고　엿는다
인평대군〈樂學拾零・青丘永言（珍本）〉

秋水는　天一色이요　龍舸는　泛中流라
簫鼓　一聲에　解萬古之愁兮로다
우리도　萬民　다리고　同樂太平　ᄒᆞ리라
숙종〈樂學拾零・青丘永言（珍本）〉

人生을　혜여ᄒᆞ니　ᄒᆞᆫ바탕　ᄭᅮᆷ이로다
됴ᄒᆞᆫ　일　구즌　일　ᄭᅮᆷ　속에　ᄭᅮᆷ이어니
두어라　ᄭᅮᆷ　ᄀᆞᄐᆞᆫ　人生이　아니　놀고　어이리
주　의식<樂學拾零・青丘永言（珍本）>

【作者紹介】

최　충(崔冲、984～1068)号は惺齋。高麗の政治家・儒学者。1053年、門下侍中(首相)から退くと後進の育成に専念。９つの専門講座を置く九齋学堂をつくったが、これが朝鮮における私学の始まりである。

우　탁(禹倬、1262～1342)号は易東。高麗朱子学の始祖。

이　조년(李兆年、1268～1342)号は梅雲堂または百花軒。高麗忠烈王の時の人。官職は大提学に至る。

이　존오(李存吾、1341～1371)号は石灘または孤山。高麗恭愍王の時の政治家。官職が正言の時、当時国政に影響を与えていた僧、辛旽を弾劾したが、逆に王の怒りを買い、左遷される。

최　영(崔瑩、1316～1388)号は紅賊。高麗禑王の時の将軍。親元派。禑王14年に八道都統使となり、明を討とうとしたが李成桂の威化島回軍により失敗。

이　색(李穡、1328～1395)号は牧隠。元で科挙に及第し、官職につく。帰国後、大司成門下侍中となる。多くの後進を育てた。門下生の多くが李成桂に加担し、朝鮮朝建国後は新王朝に仕官したが、李穡自身は高麗に節義を貫いた。

이 방원(李芳遠、1367～1422)後の朝鮮朝第3代王太宗。

정　몽주(鄭夢周、1337～1392)高麗末の朱子学者。儒学の振興に努めた。李芳遠の手下により選地橋(後の善竹橋)で暗殺される。

길　　재(吉再、1353～1419)号は冶隠または金烏山人。高麗末の文官で儒学者。官職は門下注書に至る。高麗に節を守り、朝鮮朝には仕えなかった。

원　천석(元天錫、生没年未詳)号は耘谷。高麗末の文官。李芳遠の師であったが、高麗に節を守り、朝鮮朝には仕えなかった。

정　도전(鄭道傳、？～1398)号は三峯。李穡の門人であったが李成桂を擁立し、開国一等功臣となる。性理学を指導理念とし、仏教を排斥した。『高麗史』37巻の改修を行う。李芳遠に殺される。

맹　사성(孟思誠、1360～1438)号は古仏または東浦。高麗禑王の時に文科に及第。朝鮮朝世宗の時に右議政・左議政を歴任。晩年に「江湖四時歌」を作る。

황　희(黃喜、1363～1452)号は厖村。高麗末・朝鮮朝初期の文官。世宗の時に領議政を務める。

김　종서(金宗瑞、1390～1453)号は節齋。世宗の時に咸吉道都節制使となり六鎮を開拓する。文宗の時に右議政、端宗の時に左議政を歴任。首陽大君の差し向けた刺客に殺される。女真族を討伐する時に作った「豪気歌」2首の時調が伝わる。

남　이(南怡、1441～1468)太宗の外孫。17才で武科に首席で及第。世祖の時の将軍で兵曹判書を務める。

성　삼문(成三問、1418～1456)号は梅竹軒。世宗の時の集賢殿学士。世宗の訓民正音創制に参与。世祖元年(1456)に、端宗の復位を計画していたが発覚し、処刑される。「死六臣」の一人。

박　팽년(朴彭年、1417～1456)号は酔琴軒。世宗の時の集賢殿学士。世宗の訓民正音創制に参与。世祖元年(1456)に、端宗の復位を計画していたが発覚し、処刑される。「死六臣」の一人。

원　호(元昊、生没年未詳)号は霧巷または観瀾。「生六臣」の一人。集賢殿直提学であったが、首陽大君の勢力が強まると、原州南松村に隠棲する。

왕　방연(王邦衍、生没年未詳)世祖の時の禁府都事で、廃位された端宗を流配地の江原道寧越まで送った帰り道に端宗の悲運を思い、自分のつらい心情を詠んだ時調1首が伝わる。

황 진이(黄眞伊、1511～1541)高麗の旧都、開城の妓生。

임 제(林悌、1549～1587)号は白湖または謙齋。宣祖の時の詩人。

한우(寒雨、生没年未詳)宣祖の時の妓生と推測される。

이　황(李滉、1501～1570)号は退渓。宣祖の時の儒学者。官職は礼曹判書に至るが、引退して郷里で弟子の養成に努める。時調作品として「陶山十二曲」がある。

양　사언(楊士彦、1517～1584)号は蓬莱または海客。朝鮮朝前期の四大書家の一人。

이　이(李珥、1536～1584)号は栗谷、石潭、愚齋。宣祖の時の儒学者。官職は戸曹、吏曹、兵曹判書、右賛成を歴任。42才で官職を辞し、黄海道海州で子弟に朱子学の教育をする。その時に作った時調「高山九曲歌」が伝わる。

이　순신(李舜臣、1545～1598)宣祖の時の武将。32才の時に武科に及第。42才の時に亀甲船を考案。その翌年に壬辰の倭乱(文禄の役)が勃発する。閑山島で日本軍の船七十余隻を撃沈する。

윤　선도(尹善道、1587～1671)号は孤山または海翁。文臣であるが、熾烈な党争のため、一生のほとんどを流配地で送る。時調文学の大家として、歌辞文学の大家である鄭澈と並び称される。文集『孤山遺稿』に時調77首が、 漢詩文などとともに伝わる。

침굉대사(枕肱大師、1616～1684)枕肱は号。13才で出家して智異山に入る。文学と書道に優れている。

인평대군(麟坪大君、1622～1658)仁祖の第3王子。孝宗の弟。丙子胡乱の後、人質として瀋陽で一年を送る。

숙종(肅宗、1661～1720)朝鮮朝第19代の王。

주　의식(朱義植、生没年未詳)号は南谷。肅宗の時の歌人。『青丘永言』に時調14首が伝わる。

【注釈】

北邙：北邙（ほくぼう）、中国洛陽の東北にある山の名。漢代以来、多くの王侯貴族が葬られた。転じて、墓地。

가시：茨

막ᄃᆡ：棒

ᄌᆞ름길：近道

銀漢：銀河、天の川

多情：情がこまやかであること、情が深いこと

虛浪ᄒᆞ다：でたらめである

구ᄐᆡ야：わざわざ

綠耳：駿馬の名

霜蹄：駿馬の名

시ᄂᆡㄷ물：小川の水

龍泉：宝剣の名

雪鍔：鋭い刃の刀の名

ᄌᆞ자진：消え残った

머흐레라：険しいことよ

萬壽山：万寿山、開城にある山の名

드렁츩：葛

匹馬：匹馬（ひつば）、一匹の馬

어즈버：ああ、ああ悲しや

有數：定まった運命があること

仙人橋：仙人橋、開城にある橋

紫霞洞：紫霞洞、開城郊外の松岳山の麓にある村

소ᄅᆡ：音

아ᄒᆡ：子供

江湖：江湖、川と湖、田舎、隠者の住むところ
濁醪：濁醪（だくろう）、濁酒、どぶろく、マッコリ
大棗：なつめ
쁫드르며：落ち
뷘：刈った、切った
그르헤：切株に
체：（酒を漉す）篩（ふるい）
ᄉᆞ나희：男子
凌烟閣：凌烟閣、麒麟閣、後漢の武帝が麒麟を獲た時に建てた楼閣で後の宣帝の時に功臣達の肖像画を描かせてここに掲げた
쌔혀：抜いて
腥塵：戦乱により起こる血なまぐさい塵
南北 風塵：南と北の異民族が起こす兵乱による塵
落落長松：枝の長く伸びた巨大な松
乾坤：乾坤、天地
가마귀：烏、ここでは世祖のこと
검노믹라：黒くなるのであるなあ
夜光 明月：夜でも明るく光る月、ここでは端宗のこと
여흘：瀬、早瀬
고은 님：美しき君、ここでは端宗のこと
여희옵고：お別れ申し上げ
어져：ああ
버혀：切って
니불：掛け布団
서리 서리：ぐるぐると（巻いて）
어이：なぜ
草野 愚生：田舎に埋もれて暮す愚かな者、ここでは自分のこと
ᄒᆞ물며：まして
泉石膏肓：世俗に交わらず自然を愛する癒えぬ病
誅茅 卜居：土地の善し悪しを占って住居を定め草を刈って家を建てて住むこと

武夷：中国福建省にある山、朱子が住んで学問を教えたところ
閑山셤：閑山島、李舜臣が日本軍の船七十余隻を撃沈した島
戍樓：戍樓、物見やぐら
胡笳：胡笳、葦笛
조타：淨い
ᄌᆞ로：しきりに、しょっちゅう
하노매라：多いなあ
뉘：時
ᄂᆞᆫ：ものは
치우면：寒ければ
닙：葉
九泉：九泉、大地
글로　ᄒᆞ야　：それによって
뷔연ᄂᆞᆫ다：空っぽなのか
ᄉᆞ시：四時、四季
ᄂᆞ니ᄂᆞᆫ：飛び回る
숨ᄭᅮ즌：意地の悪い
엿는다：窺う
龍舸：竜舸（りょうか）、天子の乗る大きな船
泛中流라：中流に浮いている
簫鼓：簫鼓（しょうこ）、笛と太鼓
解萬古之愁兮로다：万古の愁いを解くのである
혜여ᄒᆞ니：考えてみると

【参考文献】

朴乙洙編著（１９９２）『韓国時調大事典』亜細亜文化社
瀬尾文子著（１９９７）『時調四四三首選』育英出版社

第５課　「小児論」

【資料解説】

朝鮮王朝は事大交隣、つまり大国（中国）につかえ隣国（中国以外の周辺の国々）に交わることを外交の旨としたが、その実務を管掌したのが司訳院という部署であった。司訳院では、四学と称し、４つの外国語、すなわち漢語、清語（満洲語）、蒙語（モンゴル語）、倭語（日本語）の通訳官の養成がおこなわれた。その通訳養成に用いられた語学書類の一部が今に伝わる。

ソウルの中心部、世宗文化会館の裏にある朝鮮司訳院跡の石碑

ここにとりあげる「小児論」は、そのうち清語（満洲語）の学習に用い

られた教科書、清学書である。現在伝わっている版本は、乾隆42年（1777）に当時の有名な清学訳官であった金振夏の監修によって重刊されたものである。現伝の版本は、満洲語本文が1632年に満洲聖人ダハイ（達海）が改良した有圏点満洲字によって書かれているが、本書はもと清学の前身の女真学の用書であったもので、もともとは女真文字によって書かれていたものと推測される。

本書の内容は、三歳の小児が孔子と問答し、孔子の発する質問に快刀乱麻に答えて言い負かすというものである。その話の淵源はきわめて古く、仏教文学、すなわち敦煌変文の「孔子項託相問書」にまで遡る。荒唐無稽なストーリーながらユーモラスな魅力によって現代まで伝わったものと言えよう。

【本文】

小兒論

녜 한나라 시졀에／ 부ᄌᆡ 國家를 다ᄉᆞ려／ 天下／ 各省에 두루 ᄃᆞ니다가／ 쟝강셩에 다ᄃᆞ르니／ 부ᄌᆞ 가ᄂᆞᆫ 길희／ 쟈근 세 아희들이 막아 셔셔／ 셩 쓰고 노롯ᄒᆞ더니／ 부ᄌᆞ를 보고／ 노롯 아니ᄒᆞ고 그저 안잣거ᄂᆞᆯ／

부ᄌᆡ 니로되／ 이 아희 네 엇지 노롯 아니ᄒᆞᄂᆞᆫ다／

三歲兒ㅣ ᄃᆡ답호되／ 官員 사ᄅᆞᆷ이 노롯 즐기면／ 國事ㅣ 어즈럽고／ 百姓 사ᄅᆞᆷ이 노롯 즐기면／ 農桑을 뉘 거두료／ 그러모로／ 官員 百姓 믈논ᄒᆞ여／ 노롯슬 원치 아니ᄒᆞᄂᆞ이다／

부ᄌᆡ 니로되／ 쟈근 아희 네 엇지 그리 만히 아ᄂᆞ뇨／ 네 내 뭇ᄂᆞᆫ 일을／ 다 잘 ᄃᆡ답ᄒᆞᆯ다／

三歲兒ㅣ ᄃᆡ답호되／ 부ᄌᆞ의 무르시ᄂᆞᆫ 말ᄉᆞᆷ을／ 잘 ᄃᆡ답ᄒᆞ리이다／

부ᄌᆡ 무르되／ 쟈근 아희 네 드르라／ 놉흔 뫼흘 업게 ᄒᆞ쟈／ 深川을 업게 ᄒᆞ쟈／ 官員 사ᄅᆞᆷ을 업게 ᄒᆞ쟈／ 그러ᄒᆞ면／ 고로 아니 되오랴／

三歲兒ㅣ ᄃᆡ답호되/ 놉ᄒᆞᆫ 뫼흘 업게 ᄒᆞ면/ 범과 곰이/ 어ᄂᆡ 의지에 살며/ 深川을 업게 ᄒᆞ면/ 남샹이와 고기/ 어ᄂᆡ 의지에 이시며/ 官員 사ᄅᆞᆷ을 업게 ᄒᆞ면/ 법네를 엇지 ᄇᆡ호며/ 百姓 사ᄅᆞᆷ이 뉘게 힘 어드료/ 天下ㅣ/ 고로 되오믈 期約지 못ᄒᆞ리이다/

부ᄌᆡ 니로되/ 쟈근 아ᄒᆡ 네 엇지 그리/ 다 일을 아ᄂᆞᆫ다/ 내 ᄯᅩ ᄒᆞᆫ 일을 무르리라/

三歲兒ㅣ/ 뒤흐로 믈러/ 두 손 잡고 니로되/ 무슴 일을 무르시리잇가/

부ᄌᆡ 니로되/ 엇던 사ᄅᆞᆷ의게/ 妻 업고/ ᄯᅩ 엇던 겨집의게/ 지아비 업고/ ᄯᅩ 엇던 사ᄅᆞᆷ의게/ 일홈 업고/ ᄯᅩ 엇던 城에/ 官員 업고/ ᄯᅩ 엇던 술의에/ ᄲᅵ 업고/ ᄯᅩ 엇던 믈에/ 고기 업고/ ᄯᅩ 엇던 블에/ ᄂᆡ 업고/ ᄯᅩ 엇던 쇠게/ 쇠아지 업고/ ᄯᅩ 엇던 ᄆᆞᆯ게/ ᄆᆡ아지 업고/ ᄯᅩ 엇던 약대게/ 샷기 업스뇨/ 이런 일을 아ᄂᆞᆫ다/

三歲兒ㅣ ᄃᆡ답호되/ 부텨의게/ 妻 업고/ 仙女의게/ 지아비 업고/ ᄀᆞᆺ난 아ᄒᆡ게/ 일홈 업고/ 뷘 城에/ 官員 업고/ 轎子에 ᄲᅵ 업고/ 반도블에/ ᄂᆡ 업고/ 나모ᄆᆞᆯ게/ ᄆᆡ아지 업고/ 흙쇠게/ 쇠아지 업고/ ᄀᆞᄅᆞᆫ약대게/ 샷기 업고/ 우믈믈에/ 고기 업ᄂᆞ니이다/

부ᄌᆡ 니로되/ 쟈근 아ᄒᆡ 네 그리 알면/ 내 ᄯᅩ 무르리라/ 요 우희/ 골 난다 ᄒᆞᆷ을 아ᄂᆞᆫ다/ 집 ᄋᆞᆲ히 ᄀᆞᆯ난다 ᄒᆞᆷ을 아ᄂᆞᆫ다/ ᄃᆞᆰ이 쐥 번싱ᄒᆞᆫ다 ᄒᆞᆷ을 아ᄂᆞᆫ다/ 개 제 님자를/ 즛ᄂᆞᆫ다 ᄒᆞᆷ을 아ᄂᆞᆫ다/

三歲兒ㅣ ᄃᆡ답호되/ 골이라 ᄒᆞᆷ은/ 요ᄒᆡ ᄉᆡᆫ 돗기오/ ᄀᆞᆯ이라 ᄒᆞᆷ은/ 거슬이 셰온 발이오/ ᄃᆞᆰ이 쐥 번싱ᄒᆞᆫ다 ᄒᆞᆷ은/ 쌔 ᄀᆞᆺ흐모로/ 그러ᄒᆞ니이다/ 개 제 님자를 즛ᄂᆞᆫ다 ᄒᆞᆷ은/ 속졀업시 여러 손을 만나/ 즛ᄂᆞ니이다/

부ᄌᆡ 니로되/ 쟈근 아ᄒᆡ 네 엇지 그리 만히 아ᄂᆞ뇨/ 네 내게 ᄯᅩ 무르라/

三歲兒ㅣ/ 이리 니로믈 듯고 ᄃᆡ답호되/ 내 무슴 말을 무르믈 잘ᄒᆞ며/ 부ᄌᆞ의 뭇지 아니ᄒᆞ여 엇지 잘ᄒᆞ료/ 이제 ᄆᆞ음에 ᄉᆡᆼ각ᄒᆞᆫ 일을 뭇고져 ᄒᆞᄂᆞ이다/ 여러 나모 즁에/ 소남근 엇지ᄒᆞ여/
겨ᄋᆞᆯ 녀름 업시 프르고/ 곤이와 기러기ᄂᆞᆫ/ 믈에 헤움을 잘ᄒᆞ고/ 벅국이ᄂᆞᆫ 우ᄂᆞᆫ 소ᄅᆡ 크뇨/
부ᄌᆡ 니로되/ 松栢은/ 속이 ᄇᆡ모로/ 겨ᄋᆞᆯ 녀름 업시 프르고/ 곤이와 기러기ᄂᆞᆫ/ 발이 너브모로/ 믈에 헤움을 잘ᄒᆞ고/ 벅국이ᄂᆞᆫ 목이 길모로/ 우롬이 크니라/
三歲兒ㅣ ᄃᆡ답호되/ 松栢은/ 속이 ᄇᆡ모로/ 겨ᄋᆞᆯ 녀름 업시 프를지면/ 대ᄂᆞᆫ 어ᄂᆡ 속이 ᄇᆡ모로/ 겨ᄋᆞᆯ 녀름 업시 프르고/ 곤이와 기러기ᄂᆞᆫ/ 발이 너브모로/ 믈에 헤움을 잘홀지면/ 남샹이와 고기ᄂᆞᆫ 어ᄂᆡ 발이 너브모로/ 믈에 헤움을 잘ᄒᆞ고/ 벅국이ᄂᆞᆫ 목이 길모로/ 우ᄂᆞᆫ 소ᄅᆡ 클지면/ /죠고만 머구리ᄂᆞᆫ 어ᄂᆡ 목이 길모로/ /우ᄂᆞᆫ 소리 크다 ᄒᆞ리잇가/
부ᄌᆡ 니로되/ 내 너ᄅᆞᆯ 試驗ᄒᆞ여 짐즛 무럿더니/ 네 아ᄂᆞᆫ 거시 ᄀᆞ장 明白다 ᄒᆞ여 크게 기리니/
그 시졀의 듯ᄂᆞᆫ 사ᄅᆞᆷ들이/ 三歲兒ᄅᆞᆯ/ ᄀᆞ장 착다 ᄒᆞ여 니ᄅᆞ고/ 일로 ᄆᆞᄎᆞ니라/

【注釈】

녜：昔

한나라：漢の国

시졀：時

부ᄌᆡ：夫子(ふうし)が。ここでの「夫子」とは孔子のこと。

다ᄉᆞ려：治めて

ᄃᆞᆫ니다가：めぐり歩いて

쟝강셩：長江城

다ᄃᆞ르니：至ると

길ᄒᆡ：道に

쟈근：小さな

아ᄒᆡ：子供

셔셔：立って
셩：城
ᄊᆞᆺ고：築いて
노ᄅᆞᆺ：遊び
안잣거ᄂᆞᆯ：座っているので
니로되：言うには
ᄃᆡ답호되：答えるには
사ᄅᆞᆷ：人
어즈럽고：乱れ
뉘：だれ
그러모로：だから
믈논ᄒᆞ여：分かたず、論ぜず
노ᄅᆞᆺᄉᆞᆯ：遊びを
만히：たくさん
엇지：どうして
아ᄂᆞ뇨：知っているのか
뭇ᄂᆞᆫ：問う
ᄃᆡ답ᄒᆞᆯ다：答えるか
ᄃᆡ답ᄒᆞ리이다：答えるでしょう
무르되：問うには
드르라　聞け
놉ᄒᆞᆫ：高い
뫼ᄒᆞᆯ：山を
업게：ないように
ᄒᆞ쟈：しよう
고로：公平に
되오랴：なるだろうか
어ᄂᆡ：どの
의지：たよるべき所、すみか
남샹이：すっぽん
고기：魚
이시며：おり、いて
법녜：法と礼
ᄇᆡ호며：学び
뉘게：だれに
어드료：得るのか、もらうのか
되오믈：なることを
아ᄂᆞᆫ다：知っているのか
ᄯᅩ：また
ᄒᆞᆫ：ひとつの
무르리라：問おう
뒤흐로：後ろに
믈러：退いて
무ᄉᆞᆷ：何の、どんな
무르시리잇가：おたずねになりますか
엇던：どんな
사ᄅᆞᆷ의게：人に
겨집의게：女に
지아비：夫
일홈：名前
술의：車
ᄡᅵ：車輪
믈：水
블：火
ᄂᆡ：煙
쇠게：牛に
쇠아지：子牛
ᄆᆞᆯ게：馬に
ᄆᆡ아지：子馬

약대게：らくだに
삿기：仔
업스뇨：いないか
부텨의게：佛に
ᄀᆞᆺ난：生まれたばかりの
뷘：空っぽの
반도블：螢の火（光）
나모：木
ᄒᆞᆰ：土
ᄀᆞᄅᆞ：粉、うどん粉
우믈：井戸
요：敷布団
우희：上に
골：ねぎ
ᄒᆞᆷ을：ということを
앏ᄒᆡ：前に
ᄀᆞᆯ：葦
ᄃᆞᆰ：鷄
ᄭᅯᆼ：雉
번ᄉᆡᆼᄒᆞᆫ다：生まれかわる、
変身する
님자：主
즞ᄂᆞᆫ다：吠える
요ᄒᆡ：敷布団に
ᄭᆞᆫ：張った
돗기：草むしろ
거슬이：逆さに
셰온：立てた
ᄲᅨ　ᄀᆞᆺᄒᆞ모로：骨が同じなので、同族なので
쇽졀업시：やたらに
니로믈：言うのを
듯고：聞いて
무르믈：たずねることを
뭇지　아니ᄒᆞ여：たずねないのに
ᄆᆞᄋᆞᆷ：心
ᄉᆡᆼ각ᄒᆞᆫ：思った
즁：中
소남근：松の木は
겨ᄋᆞᆯ：冬
녀름：夏
프르고：青く
곤이：白鳥
기러기：雁
헤옴：泳ぐこと
벅국이：カッコウ
소ᄅᆡ：声
ᄇᆡ모로：つまっているので
너브모로：広いので
길모로：長いので
우롬：鳴くのが、鳴き声が
프를지면：青いのであれば
어ᄂᆡ：どの
죠고만：ちっぽけな
머구리：ひきがえる
ᄒᆞ리잇가：言うのですか
짐즛：わざと
무럿더니：たずねたのだが
ᄀᆞ장：たいへん

듣ᄂᆞᆫ：聞いていた　　　　ᄆᆞᄎᆞ니라：終わるのだ

착다：えらい

【参考文献】

岸田文隆(1997)　『「三譯總解」の満文にあらわれた特殊語形の来源』　東京外国語大学アジア・アフリカ言語文化研究所

第6課 「朝鮮語訳」

【資料解説】

江戸時代、日朝交流の実務を担当した対馬藩およびその出先機関である釜山の倭館において朝鮮語の学習がおこなわれ、朝鮮語通詞の養成に資するための朝鮮語学書が数多く編纂された。その代表的なものとして、「交隣須知」や「隣語大方」などがあるが、これらの教材は明治初年に外務省から出版されるなど長い期間にわたって使用され、その後の日本の朝鮮語学に大きな影響を与えた。

本書「朝鮮語訳」は、上記「隣語大方」のもとになったと考えられる本で、現在、早稲田大学服部文庫に所蔵されている。図書番号：イ17-2082-1～3(特)。3冊、写本。同館の以下のウェブサイトにはその全冊の画像が公開されている。

http://www.wul.waseda.ac.jp/kotenseki/html/i17/i17_02082/index.html

本書は、江戸中期の儒学者の服部南郭が寛延3年(1750)に筆写したもので、その底本は、寛延元年(1748)の朝鮮通信使に随行した対馬人によって江戸にもたらされたものであったと推測される。対話篇2巻・小説篇1巻からなり、全篇朝鮮語本文に日本語訳文を配す形式をとるが、対話篇巻1の朝鮮語本文の一部にかなによって表記されたところがある。

対話篇の内容は、往時日本における朝鮮語学書として、また、朝鮮における日本語学書として広く用いられた「隣語大方」によく似ており、次のごとく対応する文例があらわれるので、本書対話篇が「隣語大方」の所拠資料であることは明らかである。

[第84条][訳:1:63b]ナノン　ヲゾイ　問情カシヤ　ツクル　ボ*ンハヤツソムノイダ　ムツトロ　カメヨン　トイキエ　マツチ　モツハヤ　漁船ヌロ　タコ　ツルロ　カタカ　狂風ルヽ　マンナ　コヲイ　外洋グイ　ブ*ルリヨ　カタカ　ツクチ　アニルス#タイラ　バ*ラムト　クツチ　ムルテルト　コイヨハヤ　ケヨ　ワシヤ　問情グンモツザ*ツソブコニワ　イラン　クシリ　ヲテイ　イソヲ리잇カ

[復元文]나ᄂᆞᆫ 어제 問情가샤 죽을 번ᄒᆞ얏습ᄂᆡ다. 뭍으로 가면 더ᄃᆡ기의 마지 못ᄒᆞ야 어선을 ᄐᆞ고 즐러 가다가 狂風을 만나 거의 外洋의 흘리어 가다가 죽지 아닐 째라 바람도 그치[고] 물결도 괴요ᄒᆞ야 계요 와샤 問情은 ᄆᆞᆺᄌᆞᆸ습거니와 이런 구실이 어ᄃᆡ 잇ᄉᆞ오리잇가

私は　昨日問情に參りまして　死なふと致まして御座る　陸より參ますれば延引致まするにより　不得已　漁船に乘まして　近きを參/1:64a/ましたれば　狂風に逢まして　既に外海へ流ましたれとも　死ませぬ時分て御座つて　風もやみまして　波も静に成りまして　漸々と問情は済ましたれ共　此様な役目が何のやくに立ませふか

[隣語大方][朝鮮刊本:9:5b]此程左道へ船の問情に參りまする時　自陸參ば延引致すに付　漁船に乘て參りましたれば　浪風が高て船が覆と致しましたにより　いかふよひまして　既に死のふと致て　漸々と問情は相済ましたれども　あの様な難義がとこにごさりませふか

요ᄉᆞ이 左道의 ᄇᆡ 문졍ᄒᆞ라 가올 제 묻흐로 가면 더ᄃᆡ기예 漁船을 ᄐᆞ고 갓더니 風浪이 接天ᄒᆞ여 ᄇᆡ가 뒤치락 업치락 ᄒᆞ기의 水疾을 대단이 ᄒᆞ여 ᄒᆞ마 죽을 번ᄒᆞ다가 계요 問情은 ᄒᆞ엿ᄉᆞᆸ거니와 그런 苦狀이 어이 인ᄉᆞ올고

上の２つの文例は、極めて類似した内容を有しており、一方が他方に拠っていることは明らかであるが、両者の内容を比較するに、「隣語大方」が「朝鮮語訳」に拠ったものと推測される。「朝鮮語訳」の文例は文章構成があまり練られておらず生の発話に近いのに対し、「隣語大方」の文例の方は推敲の加えられた洗練された表現になっているからである。「朝鮮語訳」の文例では、話し手が聞き手に最も伝えたかった内容と思われる「ツクル　ボ*ンハヤツソムノイダ（死なふと致まして御座る）」という部分が十分な状況説明もないまま突如文頭近くにあらわれ、聞き手（読み手）にとっては理解しがたい論理性の欠如した文章となっている。他方、「隣語大方」の文例では、その部分が「묻흐로　가

면 더ᄃᆡ기에 漁船을 ᄐᆞ고 간더니 風浪이 接天ᄒᆞ여 ᄇᆡ가 뒤치락 업치락 ᄒᆞ기의（自陸參ば延引致すに付　漁船に乗て參りましたれば　浪風が高て船が覆と致しましたにより）」という詳しい状況説明の後に移されて、聞き手（読み手）にとって理解しやすい文章に改められている。よって、「隣語大方」の文例は、「朝鮮語訳」の文例をもとにし、それに改変を加えて、成ったものと考えられる。

なお、「隣語大方」諸本のうち東京大学文学部所蔵の小倉文庫本は、この部分について、「朝鮮語訳」の文例とほとんどかわらない表現となっている。

[隣語大方][小倉文庫本:3a]나ᄂᆞᆫ 어제 問情을 갓ᄉᆞᆸ다가 죽을 번ᄒᆞ엿ᄉᆞᆸᄂᆡ 뭇토로 가면 더ᄃᆡ기의 마지 못ᄒᆞ여 漁船을 타고 즈리 가다가 中洋의셔 狂風을 만나 거의 大洋으로 불리여 가다가 살 씌라 바ᄅᆞᆷ도 긋치고 믈결도 順ᄒᆞ기의 계오 得達ᄒᆞ여 問情은 ᄒᆞ엿ᄉᆞᆸ거니와 이런 구실이 어ᄃᆡ 잇ᄉᆞ올고

「朝鮮語訳」は「隣語大方」の成立史や系統を考えるうえで重要な資料であると考えられる。

本書小説篇は、「崔孤雲伝」すなわち「崔忠伝」を内容とする。興味深いことに、本書小説篇と思しき書物についての記述が江戸期の国学者平田篤胤の「神字日文伝」に発見される。すなわち、「神字日文伝」上巻の、著者平田篤胤が参考とした書物について述べているくだりに、次のようにある。

「(前略)　己もまづ。諺文の成たる本より明めてむと。其の事の見えたる書どもを。彼此(それこれ)とあなぐり索めて。屋代ノ翁に。訓蒙字会を借り。(中略)　伴ノ信友に。朝鮮原文訳語といふ物をかり。〔この書は、或人の蔵たるを、転借(またかり)たるなるが、崔孤雲伝といふ長き紀事を、原文にて書たる傍に、皇国言もて、訳語を加たる物なる故に、其用格を知るに、いと便(たより)ある書(ふみ)なりき。〕高田与清に。朝鮮板の。衿陽雑録といふ書の。

漢字の下に。諺文を加たるなど借り集(つど)へ。(中略)　彼此(かれこれ)合せ見て。諺文の体(さま)を。委(くは)しく弁(わきま)へ考へたること。第二文の下に記せるが如し。斯て今著はし伝ふる遺文等を。謂ゆる肥人書。薩人書にて。是やがて。神代の古字と。思ひ定めたるになむ有ける。」

平田篤胤全集刊行会(1978)『新修 平田篤胤全集 第十五巻』平凡社, p. 184

この記述にあらわれる「朝鮮原文訳語」というのは、本書「朝鮮語訳」の小説篇のことと思われる。書名が類似しており、内容(「崔孤雲伝」)と形式(朝鮮語本文に日本語訳を加えたもの)が一致するからである。この記事は、本書小説篇を、江戸期の国学者平田篤胤および伴信友が目睹したことを伝えるものであり、本書がきわめて由緒に富んだ書物であることを示している。

本書の成立年についてはとくに明記したものはないが、対話篇巻１に倭館の移館(1678)、欝陵島一件(1690年代)、正徳元年(1711)通信使の準備に関わる例文があらわれること、また、歴史記録類、とくに対馬宗家文書の「分類紀事大綱」および「倭館館守日記」との照合作業の結果、以下の表のような対応例が確認されることから、その成立年は、対話篇巻１が1710年頃、対話篇巻２が1737年頃と推測される。

朝鮮「語訳」の箇所	対話の話題	対応する歴史記事の日付
巻１： 第39条－第40条	御米漕船を古館の時のごとく二艘にすべし	元禄８年(1695)７月19日
巻２　： 第86条－第87条	禁標を建てようとするのを阻止する	元文１年(1736)12月28日
第88条－第89条	館守の留館を36ヶ月にするようにとの申しこし	元文２年(1737)１月４日
第90条	脇乗の船に支給する五日次を5日に限るとの通達	享保19年(1734)11月24日
第91条－第94条	第三船の水夫４０人前の加料を支給するや否や	元文２年(1737)８月頃

第95条－第102条	父親の死去により別差が上京したあとの宴享の段取り	元文２年(1737) ８月17日頃

本書の文例は、歴史記録にあらわれる内容とよく対応し、その大半は現実対話を反映したものと考えられ、語学の研究のみならず、歴史学の資料としても注目される。

以下、本書の第95条から第102条までの本文を提示する。

【本文】

[第95条][訳:2:17b]별ᄎᆡ 일이 그런 놀나온 일이 업ᄉᆞ외 무슨 병으로 그리 意外의 상ᄉᆞ 낫ᄉᆞᆸ던지 우리 듯ᄌᆞ와 실ᄉᆞ×탑[○답]지 아니 ᄒᆞ여 ᄭᅮᆷᄀᆞᆺᄉᆞ외다 블셔 別世ᄒᆞ신 사ᄅᆞᆷ 일이야 이제 닐러 브졀 업×사ᄉᆞ[○ᄉᆞ]오되 별ᄎᆡ가 멀리 외방의 겨시다가 /2:18a/ 天喪을 만나시니 그 情裡을 ᄉᆡᆼ각ᄒᆞ오면 不祥ᄒᆞ여 말이 나지 아니ᄒᆞ외이다 즉시 올라가려 ᄒᆞ시ᄋᆞᆸᄂᆞᆫ가 成服 지낸 후예 올라가려 ᄒᆞ시ᄋᆞᆸ던가 脫喪前의ᄂᆞᆫ 못 뵈올가 더욱 블샹ᄒᆞ외이다

別差の儀　ヶ様な驚入ました義は御座らぬ　いか様な病気でヶ様に与風喪に逢しやれましたか　我々承まして　実らしゆふ御座りませひて　夢の様に御座りまする　最早死去さつしやれた人の事は　只今申てやくに立ませね共　別差は遠く外方に御ざつて　/2:18b/父の喪に逢しやれましたにより　其心を思ひやりますれは　むごふして言詞か出ませぬ　早速登らしやれまする筈で御座るか　成服過きました後に　登らしやれまする筈で御座つたか　喪の晴ませぬ前には　逢ませぬで御座らふに　弥気の毒に存まする

[第96条][訳:2:18b]그러ᄒᆞ외 별ᄎᆡ가 어제 오ᄂᆞᆯᄭᆞ지 同居ᄒᆞ여 일

을 ᄒᆞᆫ가지로 ᄒᆞ다가 쳔만 意外의 喪事 奇別이 와셔 痛哭ᄒᆞ여 여긔 일을 다 ᄇᆞ리고 오ᄂᆞᆯ 본부의셔 바로 ᄯᅥ나가니 그런 블 /2:19a/샹ᄒᆞᆫ 일이 ×어어[○어]이 잇ᄉᆞ올고 그 긔별이 어제 낫이 나 되일 만 ᄒᆞ여셔 왓시되 宴廳의 그 말 내기 重難ᄒᆞ여 연향 罷ᄒᆞᆫ 後 ᄯᅩ 以酊庵 上船宴 일을 依托ᄒᆞ여 더브러 올라가셔 厥{궐} 兄이 本府의 잇ᄂᆞᆫᄃᆡ 各發喪ᄒᆞᄂᆞᆫ 거시 엇더ᄒᆞ옵기로 ᄒᆞᆫ가지로 올라 가쟈 ᄒᆞ고 ᄒᆞ되 별치ᄂᆞᆫ 그적긔 밤의 舘守의셔 過飮ᄒᆞ고 夜深ᄒᆞ여 나가오매 아마 ᄀᆞᆺ븨라 ᄒᆞ고 아니 가려 ᄒᆞᄂᆞᆫ 거ᄉᆞᆯ 계유 <소>긔다가 오ᄂᆞᆯ 올라 오라 ᄒᆞ고 使道가 분부ᄒᆞ옵셔 우리 둘이 分付을 맛다시니 둘이 ᄒᆞᆫ가지로 올라 가와셔 以酊庵 宴享이 되게 ᄒᆞ엿ᄂᆡ ᄒᆞ고 달라여/2:19b/ ᄒᆞᆫ가지로 올라 가셔 게셔 그 말을 發ᄒᆞ니 망극ᄒᆞᆫ 형상을 어이 다 니ᄅᆞ올고 그리 ᄒᆞ여셔 오ᄂᆞᆯ ᄯᅥ나 올라 가니 나도 그 두 상인이 ᄯᅥ나 가ᄂᆞᆫ 양이나 보고 ᄂᆞ려 오려 ᄒᆞ엿더니 여긔 일이 졈〻 더ᄃᆡ매 몬져 니별ᄒᆞ여 ᄂᆞ려 ×왓읫[○왓]숩거니와 져 사ᄅᆞᆷ들 형상을 보오니 하 블샹ᄒᆞ여 브ᄃᆡ 됴셥ᄒᆞ여 먼 길 平安히 가소 ᄒᆞ고 ᄌᆞ연히 눈물이 나 서로 말이 나지 아니 ᄒᆞ엿더니 그 사ᄅᆞᆷ도 망극듕 우리 손을 잡고 브ᄃᆡ 몸이나 平安히 지내쇼 나ᄂᆞᆫ 이 상듕을 보존ᄒᆞ여 다시 힝슈긔 뵈옵기을 定지 못ᄒᆞᆯ가 시픠라 ᄒᆞ고 울고 계유 니 /2:20a/별ᄒᆞ다가 이리 ᄂᆞ려 오ᄂᆞᆫ 길×히[○ᄒᆡ]셔 그 ᄒᆞ던 말과 그 情意을 ᄉᆡᆼ각ᄒᆞ여 馬上의셔 ×흠[○홈]자 울며 ᄂᆞᆺ츨 ᄀᆞ리와 ᄂᆞ려 왓숩ᄂᆡ 그 병환 증셰을 드ᄅᆞ니 본ᄃᆡ 宿疾이 잇ᄂᆞᆫᄃᆡ 칠월 그믐 날부터 痢疾을 어더 初八日부터 더욱 加添ᄒᆞ여 초열×훌[○흘]날의 업ᄉᆞ오시다 ᄒᆞ오니 아마 六十 남언 老人이 痢疾을 ×앏[○앓]ᄉᆞ오시매 支撑치 못ᄒᆞ시고 업ᄉᆞ오신가 시프되 그런 不祥ᄒᆞᆫ 일이 업ᄉᆞ외 블셔 업ᄉᆞ와신 사ᄅᆞᆷ이야 어이 ᄒᆞ올가 마ᄂᆞᆫ 그 抱病ᄒᆞᆫ 別差가 할어마님 脫服도 못 ᄒᆞ온ᄃᆡ ᄯᅩ 큰 상황을 만

/2:20b/나 가니 아마 ×만[○먼] 길을 痛哭하여 올<라> 가 与保긔 어려올가 ᄒᆞ여 念慮 적지 아니 ᄒᆞ외이다

左様で御座る　別差か昨日今日迄は同然居まして　諸事を同様に致まして　千万思ひよらず　喪の左右が参りまして　病/痛　力/哭して　爰許の義を皆打捨て　今日東莱より発足致しまして　ヶ様なむごひ事は御座りませぬ　其左右が昨日昼にも成ませふと存まする時分に参りましたれ共　宴大廳で其事を申出まする事が/2:21a/難成御座まして　宴席相済ました後　又以酊庵の上船宴にかこつけて伴ひ登り　あの兄か東莱に被居まする故　別々に喪を発しられまするも如何で御座りまする故　同前に登らふと申ても　別差は　先の夜館守で過分に給て　夜深て帰ました故　とふも疲たと申て　参るまひと被申まするを　漸だまして　今日登てこひと　東莱が被仰付て　我々両人申付を承たにより　/2:21b/両人同然に登てこそ　以酊庵使の宴が済ふと申て　あざむひて　同然に登て東莱で其事を申出まし　其むこひ様子を　何と申尽ませふか　左様に致て　今日発足致まするにより　私も彼両人の立たれまする様子成共　見て下り参りませふとしましたに　爰許の義が段々延引致まする故　先に別れて　下て参ましたが　彼衆の様子を見まして　余むごふ御座つて必養/2:22a/生して　遠路を平安に行しやれと申て　自然と涙が出まして　迭に言葉か出ませひて御座つたに　別差も歎きの内に私が手を取て必々平安に御暮被成ませひ　私は此喪の内をこたへまして　重て御前に掛御目まする儀も不定で御ざらふと申て　泣て漸別れまして　是へ下りまする道すがら　其被申ました言葉と其心中を思ひやりまして　馬上で独然嘆致し　面を掩て下りて参ました　其病症を聞/2:22b/まするに本持病の御座る処に　七月晦日痢疾を得られて　去八日より弥指重　同十日になく被成たと承まして御座る　とふで六十こへた老人の痢疾を煩らはれました故　こたへ得られませいてなくなられましたそうなれ共ヶ様な笑止な義は御座らぬ　最早なくなられた人は　何といたそふ様も御座ませね共　あの多病なよはき別差が祖母の服もあきませぬ処　又大い成喪に逢て　遠路を痛/2:23a/哭して　被登まする故　こたへまするまいかと　気遣が×かゝ[○少か]りませぬ

[第97条][訳:2:23a]시방 듯ᄌᆞ오니 편×지[○치] 아니 겨시다 ᄒᆞ오니 시방 엇더나 ᄒᆞ시오리잇가 오ᄂᆞᆯ은 差備官 더브러 별×처[○치] ᄒᆞᆫ가지로 드러 올 ᄃᆡ 意外의 別差가 遭喪ᄒᆞ오매 우리 이리 늣게야 드러 오올 ᄲᅮᆫ 아니라 差備官도 별치 四寸ᄉᆞ이오매 오ᄂᆞᆯ 드러 오지 못ᄒᆞ고 初相接도 졈〻 迂延ᄒᆞ여 미안ᄒᆞ오매 뵈ᄋᆞᆸ고 이런 ᄉᆞ연도 ᄒᆞ오×머[○며] 日限도 머지 아니 ᄒᆞ오니 위션 禮單 茶禮ᄒᆞ올 날을 뎡ᄒᆞ여 놋고 바로 그 날/2:23b/의 差備官이 初相接 겸ᄒᆞ여 ᄒᆞᄋᆞᆸ게 ᄒᆞ오면 엇더ᄒᆞ올가 ᄒᆞ여 뭇ᄌᆞᆸ쟈 혼자 드×더[○러] 왓ᄉᆞᆸᄂᆡ이다 上船宴도 그 ᄉᆞ이 彼此無故ᄒᆞᆫ 날의 지내려 ᄒᆞᄋᆞᆸ시면 미리 接慰官ᄭᅴ 왕복ᄒᆞ여야 ᄒᆞ세 ᄒᆞ엿ᄉᆞ오니 ×이니[○어ᄂᆡ]날 쓰음의 ᄒᆞ려 ᄒᆞ시ᄋᆞᆸᄂᆞ니잇가 알고 가고져 ᄒᆞᄋᆞᆸᄂᆡ
×昨[○唯]今承ますれば　少々御痛被成ましたげに御座りまする　唯今は何と御座まするか　今日は馳走訳同心致て別差同前に入てまいりまする筈の処に　思い掛も御座らす　別差が喪に逢れまし/ 2:24a/た故　私儀もヶ様に遅く入て参まするのみならず　馳走訳にも別差従弟の間で御座りまする故　今日入て参得ませひて　初御対面も段々延引仕まして安かりませぬ故　掛御目まして　ヶ様な訳も申上まし　日限も遠かりませぬにより　先御疋/辺　カ　返　カ/簡入の日を極置まして　直に其日に馳走訳か初御対面相兼まして　仕まする様に仕ましたらば　何と御座りませふかと　御尋申上ませふ為　一/2:24b/人入て参りまして御座りまする　出いはちも其内双方指支の御座らぬ日に被成ませふならば兼て接慰官に申越　往復仕りましていたしまする義て御座るにより　何比に被成ませふと　被思召まするか　承て帰り度　存まする

[第98条][訳:2:24b]ᄒᆞ신 말ᄉᆞᆷ ᄌᆞ시 드럿ᄉᆞᆸᄂᆡ이다 별치가 意外의 訃音 드러신다 ᄒᆞ오니 그런 일이 업ᄉᆞ외이다 그러ᄒᆞ매ᄃᆞ라 이리 누즉ᄒᆞ여 드러 오×신올[○실/ 시올?] ᄲᅮᆫ 아니라 差備官게셔

도 外三寸 服制을 만나시매 오ᄂᆞᆯ ×못ᄒᆞ[○못]/2:25a/오ᄋᆞᆸ시다 ᄒᆞ오니 섭〻ᄒᆞᄋᆞᆸ고 그런 블샹ᄒᆞᆫ 일이 업ᄉᆞ외이다 초상졉은 못ᄒᆞ오나 日限도 졈〻 갓가와시니 爲先 礼單 茶礼ᄒᆞᆯ 날이나 알고가<쟈> ᄒᆞ시니 그리ᄋᆞᆸ새이다 ×듯[○드]럿ᄉᆞ이다 밧긔 연괴 업스면 열아흐련날 드리게 ᄒᆞᄋᆞᆸ시고 差備官의게 礼單 茶礼前의 相接ᄒᆞᄂᆞᆫ 거시 녜 부터 ᄒᆞ여오ᄂᆞᆫ 규귀오매 브ᄃᆡ 일즉 드러 오시게 ᄒᆞᄋᆞᆸ소 上船宴도 梁山ᄭᆞ지 往復ᄒᆞ여 ᄒᆞ신 일이오매 브ᄃᆡ 미리 아ᄅᆞ시게과쟈 ᄒᆞ신 거시 맛당도 ᄒᆞᄋᆞᆸ고 우리도 日限이 臨迫치 아닌 젼의 지낸 거시 / 2:25b/죳ᄉᆞ오매 椄慰官ᄭᅴ 緣故 곳 업ᄉᆞ오면 二十三四日 {스므사흘나흘} 이 두 날 즁의 ᄒᆞ고져 ᄒᆞ오니 그리 ×일[○알]고 가시다 여부을 긔별ᄒᆞᄋᆞᆸ소
云しやる通　委細承ました　別差か思ひ寄らず　凶左右を聞しやれたと御座つて　笑止な事で御座る　左様な義共が御座つた故　ヶ様に遅く入て御座り　其上　差備官にも母方の叔父の喪に逢れました故　今日入館さつしやれぬと御坐×る［〇つ］て　残多御座り　此様な笑止な義は御/2:26a/坐りませぬ　夫故　馳走訳にも初［の?］対面［かり?］（あるいは「はじめておめにかかり」と読むか？）ますれ共　日限も段々近よりまするにより　先辺/返　カ/簡入の日取成共　御聞被成て帰らしやりよふと御座つて　委細承ました　外面に指支も御座らずは　十九日に×入れ入れ［〇入れ］さつしやる〻様にさつしやれひ　馳走訳にも御返簡入り前に対面致まするか　昔より仕来の例式で御座りまする故　必々早く入て御座る様に　云しやりませひ　出宴席も梁山迄往復してさつしやる事故/2:26b/兼てしらしやれたひと御座る段　御尤に御座り　我にも日限の指詰めませぬ前に　済まするがよふ御座る故　接慰官へ御指支さへ御座らすば　二十三四日此両日内に致度存まするにより　左様して御さつて否御左右被成さつしやれませひ

[第99条][訳:2:26b]여러날 ᄉᆞ이 뵈ᄋᆞᆸ지 못ᄒᆞ엿ᄉᆞᆸ더니 평안히 계

ᄋᆞᆸ시더니잇가 우리도 어제 萬松院 연향 後 東莱 올라가ᄋᆞᆸ다가 앗가 바로 관으로 드러왓ᄉᆞᆸᄂᆡ이다 여긔 上/2:27a/船宴 일로 ᄒᆞ여 어제 宴享 파ᄒᆞᆫ 후 알외오니 ᄉᆞ도씌셔 ᄒᆞ시기을 오ᄂᆞᆯ도 일즉 ᄂᆞ려오려 ᄒᆞ다가 못ᄒᆞ여 계유 扶病ᄒᆞ여 ᄂᆞ려와셔 오ᄂᆞᆯ 宴享은 계유 무ᄉᆞ이 지내오나 ᄂᆡ일 또 ᄂᆞ려오쟌 말을 이제 어이 定ᄒᆞ올고 올라셔 오ᄂᆞᆯ밤이나 보와셔 對答ᄒᆞ마 ᄒᆞ고 그리 니ᄅᆞ시매 우리들도 심히 ᄀᆞᆺ브와 견ᄃᆡ지 못ᄒᆞ오나 使道 힝ᄎᆞ ᄒᆞ신 후 逐後ᄒᆞ여 올라가셔 오ᄂᆞᆯ 앗츰의 드러가 다시 엿ᄌᆞ오니 아마 답ゝᄒᆞ여 ᄒᆞ시고 니ᄅᆞ시되 以酊庵 正官 第四船 正官이 /2:27b/ 오래치 아녀 드러가시다 ᄒᆞ고 爲ᄒᆞ여 上船宴 설힝ᄒᆞ온ᄃᆡ 참예 못ᄒᆞᄋᆞᆸ기 극히 섭ゝᄒᆞ오되 년ᄒᆞ여 편×지[○치] 못ᄒᆞ온ᄃᆡ 학×칠[○질] 어더셔 여러날 알×고[○코] 음식을 잘 먹지 못ᄒᆞ오매 氣運×히[○이] 大脱ᄒᆞ여 {落チマシテ} 어제 부러 각별거×벅[○북]ᄒᆞ니 그 辞縁을 正官ᄂᆡ게 極盡히 ᄉᆞᆲ오라 分府ᄒᆞ여 계시오매 이런 일이나 ᄉᆞᆲ쟈 왓ᄉᆞ오니 아모커나 짐작ᄒᆞᄋᆞᆸ셔 釜山 獨行으로 지내ᄋᆞᆸ시게 ᄒᆞ여 주시면 다힝ᄒᆞ올가 ᄒᆞᄋᆞᆸᄂᆡ이다

数日の間　掛御目ませひで御座りましたに　御平安に/ 2:28a/被成御座ましたか　我々にも昨日萬松院使宴席後東莱へ登りまして　先刻直に館へ入て参りました　爰許の出宴席の義を昨日宴席相済ました跡で申ましたに　府使被申まするは　今日も早く下てこふとしてもどふもならいて漸つくろふて下りて来て　今日の宴席は漸無事に済たれ共　明日又下りてこふと云事を　今何として極ませふか　先登つて　今宵の様子共見て返答せふと　そふ被申/ 2:28b/ました故　我々にも甚疲れましてこたへませね共　府使の立れました跡から　追つゞいて登まして　今朝参りて又々申入ましたれば　殊外難儀がられまして　被申まするは　以酊庵正官第四船正官が追付帰国さつしやると申て　暇乞の為に出宴席を設まする処に　御参会申得ませぬ儀　至極残多御座れ共　打絶不快に御座りまする所　瘧疾を得まして　数日痛まして　昨日より各別気向悪敷御座る

故　其訳を　/2:29a/飲食をよふ給べ得ませぬ故　気力が殊外落まして昨日より格別気向悪敷御座る故　其訳を各様方へ委細に申上ませひと存参りましたにより　何とぞ御了簡被成まして　釜山斗で済被成被下まする様に被成被下ましたらば　仕合まするで御坐らふ

[第100条][訳:2:29a]仔細 드럿숩ᄂᆡ이다 우리 日限도 不過 四五日의 되ᄂᆞᆫᄃᆡ 샹션연 ×화[○회]답을 아니 ᄒᆞ시매 못 기ᄃᆞᆯ라 ᄒᆞ엿숩더니 이리 드러옵시니 다힝ᄒᆞ여 ᄒᆞ옵거니와 /2:29b/東萊 令監이 병환이 겨시다 ᄒᆞ오니 咎々ᄒᆞ외이다 우리 日限이 迫頭지 아니 ᄒᆞ올 양 굿ᄉᆞ오면 나아신 양이나 보고 ᄒᆞ쟈 ᄒᆞ련마ᄂᆞᆫ 日限이 거의 ᄎᆞ게 되엿ᄉᆞ오니 {已ニ　ミチマスルヤヲニ} 이런 민迫ᄒᆞᆫ 일이 업ᄉᆞ외 쳔만 못ᄒᆞᄂᆞᆫ 노로시오나 이제 病患 낫숩시기을 기ᄃᆞ리쟈 ᄒᆞ오며ᄂᆞᆫ 貴國 弊도 젹지 아니ᄒᆞ올 거시오 任官ᄂᆡ도 민망ᄒᆞ실가 시프오니 이제 변통ᄒᆞ고져 ᄒᆞ오되 이런 規外 일은 館守의도 議論ᄒᆞ여야 ᄒᆞ올 거시니 이제 의논ᄒᆞ여 ᄃᆡ답ᄒᆞ게 ᄒᆞ옵새이다 혹 議論 合當ᄒᆞ여 独参으로 ᄒᆞ/2:30a/게 되×연[○면] 연향은 스므날의 ᄒᆞ게 ᄒᆞ엿ᄉᆞ오니 그리 아옵소 앗가 役人 말을 드ᄅᆞ니 陸物 未收도 잇ᄉᆞ올 ᄲᅮᆫ 아니라 아직 필하ᄒᆞ실 것도 잇다 ᄒᆞ오니 비록 스므날 定ᄒᆞᆫ다 사×아[○마] 일을 ᄆᆞᆺ지 못 ᄒᆞ여ᄂᆞᆫ 宴享은 못 ᄒᆞ게 ᄒᆞ엿ᄉᆞ오니 오ᄂᆞᆯ 나가시면 그 ᄎᆞ지 ᄒᆞᄂᆞᆫ 놈들게도 비ᄌᆞ나 ᄒᆞ옵소
委細承ました　我々日限もわづか四五日に成ました所に　出宴席の返事をさつしやれませぬ故　待兼て居ましたに　ヶ様に入て御座つて　珍/2:30b/重に存ますれ共　東莱御病気と御座つて　気毒存まする　我々日限が迫りませぬ義で御座らば　御病気を見合まして　致ませふと申ませふか　なれ共　日限が既に満まするによりまして　ヶ様な難儀な迷惑な義は御座らぬ　どふも成ませぬ態では御座れ共　唯今御病気の快御座るを待つと致ましたらば　き国の弊も少かりまするまじ　各にも難義さ

つしやりよふと存まするにより　　只今変通致/2:31a/度存ますれども
ヶ様の規外の儀は　館守にも相談共致まして　仕まする事で御座るによ
り　先相談して御返答申入ませふ　若相談か合まして　独で致まするに
成ましたらは　宴席は二十日に致まする様にしませふにより　心得て御
座りませひ　最前役人共の言まするを聞まするに　陸物の未収も御座る
のみ成ませす　未皆済さつしやるゝ物も御座ると云まするにより　仮令
廿日に極めたと申て　諸事相済ませひでは　宴席は/2:31b/成まするま
ひ程に　今日帰らしやつたらば　其預りの者共に云附さつしやれませひ

[第101条][訳:2:31b]이×러[○리] 비도 오읍고 날도 져므러 가온
듸 둔녀 가읍×노[○소] 호는 거시 다른 일이 아니라 茶禮後 오
래오매 우리 進上×언연[○연] 일을 호실가 기드려 잇스오되 茶
礼 호엿지 두서 돌이나 넘도록 {過ギマスル迄} 아모 말도 아
니 호시니 正官겨읍셔 알고져 호시매 이리 청호엿숩닉 進上宴
後의 宴享도 여러 가지 잇스오매 스므날의 以酊庵 上船宴 지내
시면 스므호론날이나 스므사흘날 즘의 우리 진샹연 지내/2:32a/
게 호읍새이다 그 세 날의 혹 못 호오면 二十七日 八日 밧근
이 돌의 무고호 날이 업스오니 任官닉도 슬펴 이리 되게 호읍
소
ヶ様に雨も降　日も晩ました処に　よつて御座れと申まするは　別儀に
御坐りませぬ　茶礼後に久御座る故　封進宴の儀を被仰まするかと待て
居ますれ共　茶礼致まして　二三ヶ月に過まする迄　何の儀も云はしや
れませぬにより　正官にも御聞被成たいと被仰まする故　ヶ様に相招き
ました　進上宴/2:32b/後に宴席も数御坐りまする故　廿日に以酊庵使
の出宴席が済ましたらば　廿一日になりとも　廿三四日の内に　我々の
封進済まする様に仕ませふ　此三日の日取に若成ませねば　二十七日八
日外には　此月に[碍？]のなひ日は御座らぬにより　各にも了簡さつし
やれて　事の成る様に　さつしやれませひ

[第102条][訳:2:32b]ᄒᆞᄋᆞᆸ신 말ᄉᆞᆷ이 낫나×지[○치] 올ᄉᆞ오되 우리 任官인들 여긔 연향 ᄉᆡᆼ각이야 어이 업ᄉᆞ오리잇가 마ᄂᆞᆫ 日限이 /2:33a/갓가온 연향들이 ×졈졈[○졉ゝ]ᄒᆞᄋᆞᆸ기로 그ᄅᆞᆯ 몬져 지내쟈 ᄒᆞ엿ᄉᆞ오매 ᄎᆞゝ 쳔연ᄒᆞ엿ᄉᆞᆸ거니와 이제ᄂᆞᆫ 스므날의 以酊庵 宴享 지내면 여긔 연향밧긔 달리 급ᄒᆞᆫ 연×햑[○향]도 업ᄉᆞ오매 스므 사ᄒᆞᆯ 나ᄒᆞᆯ이 두 날은 前期가 ×앗[○잇]ᄉᆞ오니 못ᄒᆞ올 ᄲᅮᆫ 아니라 東萊 令監ᄭᅴ셔도 ᄯᅩ 병환히 復發ᄒᆞ여 以酊庵 宴享의도 參詣치 못ᄒᆞ×지[○시]기의 두 날 ᄉᆞ이 병셰을 보와가며 아ᄅᆞ시게 ᄒᆞ오리이다 나도 ᄇᆞᆯ셔부터 ᄂᆞ려올 거ᄉᆞᆯ 셔울셔 병드러 젹이 나아 계유 길은 무ᄉᆞ히 ᄂᆞ려 왓ᄉᆞ오나 먼 /2:33b/길의 잇×지[○치]여 오매 병이 再發ᄒᆞ여 도로 連ᄒᆞ여 알고 지내오매 즉시 드러 와 보ᄋᆞᆸ지 못ᄒᆞ여 요ᄉᆞ이야 져기 ×아[○나]앗ᄉᆞ오매 告還使의 初相接도 ᄒᆞ고 傳語官내도 반가히 뵈ᄋᆞᆸ쟈 ᄒᆞ고 맛ᄌᆞ와ᄉᆞᆸ더니 意外의 別差가 ×긋[○긎]기기로 ᄒᆞ여 맛ᄌᆞᆫ 날의 初相接도 못 ᄒᆞ오매 오ᄂᆞᆯ 成服 지내고 假差 傳令을 ᄒᆞ시매 現身ᄒᆞ고 바로 이리 드러 왓ᄉᆞᆸ거니와 우리 어마님긔셔도 同生이 그리 罷ᄒᆞ시매 그 情境을/心ヲ/ 멀리 ×신[○ᄉᆡᆼ]각ᄒᆞ면 나도 즉시 올라 가셔 뵈ᄋᆞᆸ고 위로ᄒᆞᄂᆞᆫ 거시 子之道의 /2:34a/所當ᄒᆞ오되 나라 일을 맛다 와셔 아직 쥰ᄉᆞ을 못 ᄒᆞ오매 오ᄂᆞᆯ 禮單 茶禮나 지내면 告還使의 그 ᄉᆞ연을 ᄒᆞ여셔 올라 가려 ᄒᆞᄋᆞᆸ거니와 ᄉᆞ토ᄭᅴ셔 못ᄒᆞᆯ다 ᄒᆞ실가 시프오오니 이런 뉴텨ᄒᆞᆫ 일의 업ᄉᆞ외 ᄆᆞᄋᆞᆷ이 ×어듯[○얻더]ᄒᆞᆯ가 시프온가

被仰まする御口上一々御尤に存ますれ共　我々役中にも爰許の御宴席の思ひ付が何の御座りまするまいと　なれ共　日限の近ひ宴席どもか重りつどひました故　夫を先に相済ませふ/2:34b/と仕ました故　段々延引仕ましたれ共　唯今では二十日に以酊庵使のいはちが相済ますれば　爰許の宴席外に別に急な宴享も御座りませぬ故　二十三四日比両日は前納

が御座りまするにより　難成御座りまし　其上東莱にも亦病気がおちかへりまして以酊庵使の宴享にも参得られませぬにより　五六日の間病勢を見つくろひまして　御知らせ申上まする様に仕ませふ　私も敏より下りまする筈を　都で相/2:35a/痛ましてから　快御座つて　漸道中は無事にて下りましたれ共　遠路に疲ました故　病気が再発致て　又打絶て痛て暮しました故　早速入館いたして逢得ませひで　此程少々快く成ました故　［告？］還使に初て御対面も申　各にも悦敷掛御目ませふと申合置ました処に　思ひ掛も御座らず　別差か不幸に逢ましたによりまして御約束の日に［告？］還使へ掛御目まする義も成ませぬ故　　/2:35b/今日成服相済まして　仮役の伝令か御座つた故　御目見して直に爰許へ入て参りましたれ共　私の母にも弟がヶ様に相果られました故　其心を遠より思ひやりますれば　私も早速登てまみえて慰まするが子の道で御座りますれ共　公儀の義を奉て参て　まだ相済得ませぬにより　今日御返簡共済ましたらば　［告？］還使に其訳を申て登ろふと存まするが　東莱より/2:36a/ならぬと被申ませふにより　此様な難儀な義は御座らぬ　私の心が何とあらふと思召されまするか

【注 釈】

上に提示した本書の第95条から第102条までの一連の対話本文は、著名な倭学訳官であった玄徳潤(道以)が元文2年(1737)8月10日にソウルで死去した史実に基づいているものと思われる。このとき、徳潤の子玄泰翼(仲挙)は別差として釜山に赴任していた。玄徳潤は、継母劉夫人の喪に服していた最中の元文2年(1737)8月10日、自らも衰弱して死亡した。享年は(数え年で)62歳であった。「朝鮮語訳」第96条に、

> 七月晦日痢疾を得られて 去八日より弥指重 <u>同十日になく被成た</u>と承まして御座るとふで<u>六十こへた老人の</u>痢疾を煩らはれました故　こたへ得られませいでなくなられましたそうなれ共 ヶ様な笑止な義は御座らぬ 最早なくなられた人は何といたそふ様も御座ませね共 あの多病なよはき<u>別差が祖母の服もあきませぬ処 又大い成喪に逢て</u>

とあり、別差の父親が8月10日に亡くなったこと、その享年は60歳台であったこと、祖母の服がまだあけないときに父親が死去したことを述べているが、玄徳潤の死去の

状況と内容が一致している。このことから、「朝鮮語訳」第95条～第102条の一連の対話は、玄徳潤の死去の史実に基づいていると推測されるのである。

さらに、細部にわたって、「朝鮮語訳」の文例と歴史記録とを照合すると、「倭館館守日記」などに対応する記事を発見することができる。

玄徳潤死去をめぐる一連の顛末に関連した記事を国立国会図書館所蔵「倭館館守日記」から抜き出せば、以下のとおりである。「倭館館守日記」は、ゆまに書房発行のマイクロフィルム（対馬宗家文書　第Ⅲ期　『倭館館守日記・裁判記録』，全120巻，2004- 2006）に拠った。

[史料1][倭]，Vol. 24，416コマ
元文2年(1737)6月1日の条:
一特送使茶礼有之候付 宴席門明関御草り取庄兵衛相務候段 届之
〔中略〕
右茶礼無滞相済候段 御僉官中罷出 被相届 尤通詞中両訳よりも届之

[史料2][倭]，Vol. 24，472コマ
元文2年(1737)6月23日の条:
告還使接慰官蔚山府使え相済居候処 暑気にて相痛及断候付被差免 梁山郡守へ相済候段 両訳より届之

[史料3][倭]，Vol. 24，571-572コマ
元文2年(1737)8月12日の条:
以酊庵使差備官仲綱鄭判事坂の下え罷下候段両訳より小通事を以届之る
鄭判事方より坂の下え罷下候届 且御返翰今日以酊庵使え相渡し候段 小通事を以届之る

[史料4][倭]，Vol. 24，573コマ
元文2年(1737)8月13日の条:
別差仲挙玄僉官瘧疾相起候付 仮役而陽玄僉官相務居候処 全快仕 今日より罷出相務候段 小通事を以相届る

[史料5][倭]，Vol. 24，574コマ
元文2年(1737)8月14日の条:
訓導より小通事を以 明後十六日萬松院使茶礼被相整候筈に候段 届之る

[史料6][倭], Vol. 24, 575-576コマ
元文2年(1737)8月15日の条:
今晩名月に付　前々は留館の諸御役人中相招き候得共　近年は何れも勝手次第被寄合候と相聞へ候付 此節も勝手次第被寄合候様に致挨拶す
今晩名月に付　両訳并下り合の判事中相招候処　外の面々は指碍　両訳并君碩朴判官罷出候付　通詞中相伴にて相応に饗応等仕る　勿論通詞中外にも心安き面々被参候衆は座え罷出挨拶有之 夜更候て罷帰る

[史料7][倭], Vol. 24, 576-577コマ
元文2年(1737)8月16日の条:
萬松院使茶礼に付　御書翰為受取　都船主小田儀左衛門封進脇田源六被罷出候付　則御書翰相渡す
〔中略〕
東釜より宴席に付　大庁え被罷出候由にて　為見舞問安使来る　相応に致返答　茶たはこ等出之 例の通 使の軍官え刻多葉粉三箱 小通事え同弐箱宛遣之す
右茶礼無滞相済候段　萬松院御僉官中罷出被相届る　尤行規人中通詞中両訳よりも届有之る

[史料8][倭], Vol. 24, 578コマ
元文2年(1737)8月17日の条:
八月十七日　雨天

[史料9][倭], Vol. 24, 580-581コマ
元文2年(1737)8月18日の条:
昨日告還使御返翰入来　明後廿日には以酊庵使出宴席相整候筈の由　告還使正官杉村佐内以酊庵使斉藤大左衛門罷出届有之る　尤通詞中両訳よりも届之る　勿論日限の儀は両正官え兼て申談置也
右同断に付 諸事先格の通被申渡候様に 御代官方へ申遣 老頭方へは例の通 行規人等可被指出旨 申遣す
萬松院使早飯相伴に両訳同道仕 今日迄にて早飯相済候段 通詞中罷出届之る
〔中略〕
一特送使都船主吉永文之進罷出　我々封進宴の義　両訳今日相招き　第一船宴享何角に差支段々及延引候付　来る廿三日廿四日両日内相整度旨　申掛候処　廿三日四日は告還使宴席申懸有之由　申聞候付　彼方廿三日に相済候はゝ　翌廿四日相整度旨　申達置候併打続きにては難成可有御座と存候得共 先右の通申掛置候段 被相届る

[史料10][倭], Vol. 24, 581-583コマ
元文2年(1737)8月19日の条:
告還使御返翰入来候付 宴席門開閉御草り取庄兵衛相務候段 届之る
訓導方より小通事を以別差仲挙玄僉官儀 父道以玄同知致病死候段 都表より飛脚到来仕候付 早速上京仕 為代仲綱ﾏﾏ鄭判事仮別差被申付相務候段届之る
〔中略〕
告還使正官杉村佐内 封進原太郎左衛門罷出 御返翰無相違相受取候段 届有之る 尤御返翰被持来候付 請取置之
右同断に付　東向寺町御代官小嶋藤右衛門通詞中并両訳よりも御返翰無滞被相受取候段 届之る

[史料11][倭], Vol. 24, 583-584コマ
元文2年(1737)8月20日の条:
以酊庵使出宴席に付 宴席門開閉御持筒嘉左衛門相務候段 届之る
〔中略〕
釜山より 以酊庵使出宴席に付 大庁え被罷出候由にて 為見舞問安使来る 茶多葉粉等出之 使の軍官へ例の通 刻たはこ三箱小通事え同弐箱遣之 相応に返答申遣す
以酊庵使斉藤大左衛門第四船長留弥治右衛門罷出　我々出宴席無滞相済候段　届有之尤行規人通詞中両訳よりも届之る

[史料12][倭], Vol. 24, 586-587コマ
元文2年(1737)8月22日の条:
以酊庵使斉藤大左衛門被罷出 我々定数の日数も昨日迄にて相満候段 被相届る
告還使正官杉村佐内被罷出 我々出宴席の儀 明日相整候様に 別差為案内罷出候付 其通申極候段 被相届る 尤両訳よりも右の趣相届る
〔中略〕
一特送使都船主吉永文之進罷出 我々封進宴の儀来る廿三日廿四日と申懸置候処 東莱少々被相病 釜山にも指支有之候間 差延置候様にと申聞候付 僉官中申談 来る廿七日廿八日両日内と申掛置候段　被相届る　尤日限の義兼て正官俵平磨被罷出申談置候故右の通 被申渡る

[史料13][倭], Vol. 24, 587コマ
元文2年(1737)8月23日の条:
告還使出宴席に付 宴享門明関御草り取庄兵衛相務候段 届之る

〔中略〕
告還使正官杉村佐内封進原太郎左衛門罷出　我々出宴席無滞相済候段　被相届る　尤行規人中通詞中両訳よりも右の趣届之る

[史料14] [倭], Vol. 24, 596コマ
元文2年(1737)8月28日の条:
一特送使封進宴に付 宴席門明関御道具平次兵衛相務候段 届有之
〔中略〕
一特送使御僉官中罷出　封進宴無滞相済候段　被相届る　尤行規人中通詞中両訳よりも届之

[史料15] [倭], Vol. 24, 605-606コマ
元文2年(1737)9月4日の条:
告還使差備官仲綱[まま]鄭判事儀老母病気に罷在候処に老母兄[まま]道以玄同知致病死候に付猶又様子不相勝候段都表より申越甚難儀に存候其上別差の順番にも本当り候処に近比父の不幸にて別差玄僉正×儀義〔○儀〕も上京仕候得は　究て直に別差可被申付と存候　若左様に御座候ては　久々老母へ対面仕儀も難儀御座候　然は御僉官中御乗船無之内に上京の儀申上候段　甚卒略成る事にて　難申上候得共　老母も最早八十余歳に罷成候者に御座候得は　此節快気の段　無心元存候間　何とそ近々に上京仕度　奉希候間　此段告還使へも御自分様より宜被仰論被下候様にとの儀　通詞中を以　申聞候に付　返答申遣し候は　被申聞候趣　委細承届候　差備官として被罷下　僉官中帰国無之候処に　上京の儀　被申聞候は　甚失礼成る事に候　乍然　老母の病気不相勝段　被承候ては　致上京度と〔の?〕儀　親子の間におゐては　無余儀事に存候　殊更告還使にも諸事無滞相済既に近々上船の事に候へは　告還正官へ罷出　右の趣委細可被申入候　尤此方へ告還使より及相談候はゝ　其節は拙子了簡の程　可申遣候　拙子如何然存候ても告還正官承引無之候ては　難相済候条　左様に被相心得候様にと　申遣す

[史料16] [倭], Vol. 24, 607-608コマ
元文2年(1737)9月5日の条:
告還正官杉村佐内罷出　被申聞候は　我々馳走訳仲綱[まま]鄭判事義老母病気に候処様子不相勝候段頃日都表より便承之甚難義に存候殊更我々方礼式も無滞相済近々上船いたし候段承知仕候最早纔の御逗留故〔素より?〕不遠慮千万思召入間敷　存候得共　八十余歳の老母の儀御座候へは　此節快気不定と存候間　御用捨を以　御暇被下候はゝ　明日にも上京仕度旨　委曲申聞候　我々方諸事無滞相済　近日上船も被仰付たる事に候得は　鄭判事相頼候趣　無拠相聞候　如何可仕哉と　被申聞候に付　拙子申達候は　此方へも通詞

中を以右の趣申聞承届候　各上船前差備官致上京候儀は　甚略儀成る事に候得共　鄭判事相頼候趣　無拠相聞候　殊に各近々の上船に候間　上京の義　被差免候様に在之度存候段　申達る
通詞中を以　鄭判事方より　告還使へ罷出　上京の義　相頼候得は　蒙用捨候との趣　挨拶申聞る
右　鄭判事方より　上京の届　為暇乞　使来る

なお、「倭館館守日記」は別差玄泰翼(仲挙)上京の日付について明記せず、[史料10]8月19日の条にすでに別差が上京してしまったあとであることを記すのみであるが、大韓民国国史編纂委員会所蔵の以下の史料を見ると、それが元文2年8月17日であることがわかる。

対馬宗家文書　　山川治五右衛門「朝鮮御代官記録」(元文二年(1737)七月ヨリ至十一月迄)[登録番号5142]、マイクロフィルムの請求番号[MF E 종가 830]、マイクロフィルムの登録番号[MF 0000838]

すなわち、この史料の元文2年8月18日の条には、次のようにある。

[史料17][代]
元文2年8月18日の条:
今日坂下へ御代官高原格左衛門御米并公木未収人蔘為催促罷越し候処　訓導申聞候は(中略)別差玄僉官儀　於都表実父玄同知病死仕候[　?]　去る十五日到来仕候間　昨日早速発足仕候に付御暇乞不申上候依之私より宜申伝呉候様申置候由罷帰り申聞る

この記録により、別差玄泰翼(仲挙)が上京したのは元文2年8月18日の前日である8月17日であることがわかる。

以上の記事を整理すると以下の表のとおりである。

史料番号	日付	内容
[史料1]	6月1日	一特送使の茶礼あり。
[史料2]	6月23日	告還使の接慰官は梁山郡守が担当する。
[史料3]	8月12日	以酊庵使の差備官は別差のいとこの鄭仲綱が担当する。
[史料4]	8月13日	別差玄仲挙は病気であったが全快する。
[史料5]	8月14日	萬松院使茶礼は明後8月16日の予定。
[史料6]	8月15日	館守主催の名月の宴会あり。両訳（訓導・別差）も出席

[史料17]		し夜更けて帰る。都より別差の父が死去したとの知らせあり。
[史料7]	8月16日	萬松院使茶礼あり。東莱・釜山出席する。
[史料8] [史料17]	8月17日	天候は雨天。別差の父が亡くなり別差が上京する。
[史料9]	8月18日	前日の8月17日に告還使返翰を持ってきた（8月19日の返翰の儀に先立ち、事前に持ってきたものであろう）。明後8月20日に以酊庵使出宴席の予定。萬松院使早飯の相伴に両訳同道する。 告還使出宴席は8月23日の見通し、一特送使封進宴は8月24日の見通し。
[史料10]	8月19日	別差が上京したため、差備官が仮別差をつとめる。告還使返翰の儀あり。
[史料11]	8月20日	以酊庵使出宴席あり。釜山のみ出席にて東莱は欠席する。
[史料12]	8月22日	以酊庵使の日限は8月21日まで。8月23日に告還使出宴席の段取り。8月27日か28日に一特送使封進宴の段取り。
[史料13]	8月23日	告還使出宴席あり。
[史料14]	8月28日	一特送使封進宴あり。
[史料15]	9月4日	告還使差備官は別差のいとこ、差備官の母は別差の父玄徳潤（道以）の姉に当たる。差備官が母を慰めるため上京を願い出る。
[史料16]	9月5日	告還使差備官が母を慰めるため上京を願い出て許される。

これら歴史記録の記事と「朝鮮語訳」第95条～第102条の文例をつき合わせてみると、内容がよく一致し、「朝鮮語訳」第95条～第102条は、元文2年(1737)8月17日になされた対話に基づいたもので、次のような話し手と聞き手が想定されていると考えれば、つじつまが合う。

条数	話し手	聞き手	備考
第95条	日本側	朝鮮側訓導	
第96条	朝鮮側訓導	日本側	第95条の返答
第97条	朝鮮側訓導	日本側告還使	

第98条	日本側告還使	朝鮮側訓導	第97条の返答
第99条	朝鮮側訓導	日本側以酊庵使	
第100条	日本側以酊庵使	朝鮮側訓導	第99条の返答
第101条	日本側特送使（付きの通詞）	朝鮮側差備官	
第102条	朝鮮側差備官	日本側特送使（付きの通詞）	第101条の返答

「朝鮮語訳」第95条～第102条は、元文2年(1737)8月17日に倭館においてなされた現実対話に依拠したものと考えられる。

【参考文献】

岸田文隆（2006）「早稲田大学服部文庫所蔵の「朝鮮語訳」について -「隣語大方」との比較-」『朝鮮学報』199/200, 1-35.

岸田文隆（2009a）「資料翻字　早稲田大学服部文庫所蔵「朝鮮語訳」対話篇」　伊藤智ゆき編『朝鮮語史研究』東京外国語大学アジア・アフリカ言語文化研究所

岸田文隆（2009b）「語学書と歴史記録――早稲田大学服部文庫所蔵「朝鮮語訳」と対馬宗家文書との照合」　『朝鮮半島のことばと社会――油谷幸利先生還暦記念論文集』明石書店

岸田文隆(2011)　「「朝鮮語訳」にあらわれた別差上京をめぐる対話の日付について―対馬宗家文書　山川治五右衛門「朝鮮御代官記録」に基づいて―」　『ユーラシア諸言語の動態 II(多重言語使用域の言語)』, 53-73. 神戸市看護大学

第７課　「惜陰談」

【資料解説】

江戸時代、九州南端の地、薩摩苗代川においても朝鮮語の学習がおこなわれ、朝鮮語通詞の養成に資するため数種の朝鮮語学書が編纂された。

本書「惜陰談」は、そのうちのひとつで、現在、京都大学文学部に所蔵されている。巻２（内題「惜陰談　巻二」）の1冊（44丁）のみ残存。図書番号は[Philology/2D/40.e]。朝鮮語の本文のみで対訳日本語はない。本文の内容は、甲乙２人の登場人物（甲は日本人、乙は朝鮮人である）が両国の風俗、制度等を比較しながら問答するものである。本書の書名「惜陰談」の「惜陰」とは「時間を惜しむ」意であるから、本書の内容にはそぐわないものである。その由来は、本書[2:7b]に、

[第10条]［日］大[　]ᄂᆞᆫ 聖人의셔 惜寸陰ᄒᆞ시니 至衆人ᄒᆞ여ᄂᆞᆫ /2:8a/當惜分陰이라 ᄒᆞᆫ 경계도 이시매 凡事ᄅᆞᆯ 힘/써 ᄒᆞ여야 됫ᄉᆞ오니
(引用者和訳：［日］大[　]は聖人において寸陰を惜しむと言いますが、衆人に至ってはまさに分陰を惜しむべきであるという戒めもございますので、あらゆることを一生懸命してこそようございましょう。)

と、たまたま「惜陰」についての談話文例があらわれることから、それを本書全体の名前としたものである。このように一部をもって全体の名前とする方法は、「隣語大方」にも見られるやり方で、前近代においてはさほど奇異なものではなかった。

本書は、薩摩苗代川に伝わったものであるけれども、元来は対馬で成立したものかもしれない。というのは、本書には、享和癸亥(1803)の頃釜山の倭館に在館していた戸田頼母があらわした「贅言試集」に依拠

したと見られる文例が散見されるからである。「贅言試集」は、釜山の倭館において朝鮮の訓導と日本の朝鮮通詞の間に繰り広げられる想定問答を内容としたものであるが、本書「贅言試集」もそれと全く同じ設定になっている。釜山の倭館を対話の場面とした朝鮮語学書が薩摩苗代川で作られたとは考えにくく、おそらくは対馬に淵源を持つものであろう。

以下、「惜陰談」本文の一部と、それに対応する「贅言試集」の文例を示すことにしよう。

【本文】

[1][惜陰談:2:1b][日] 져적 니ᄅᆞ시던 赴京ᄒᆞᄂᆞᆫ 使者의 各名은 아/오되 무슴 緣由로 가ᄂᆞᆫ 줄 모ᄅᆞ/로/오니 仔細 알과/져 ᄒᆞᄋᆸᄂᆡ /
[朝] 皇曆使ᄂᆞᆫ 曆書ᄅᆞᆯ 請ᄒᆞ여 가ᄂᆞᆫ 使臣이/ᄋᆸ고 譯官一員과 商賈三四人 家丁拾七/2:2a/八名 ᄃᆞ리고 每歲 八月 念間의 發程ᄒᆞ여 十/二月 初旬의 歸朝ᄒᆞᄋᆸ고 (後略)

[1′][贅言試集: 21a] [日] 毎年北京へ迎/亦　皇にも/暦使被差越候由承聞候　何月比朝鮮発足何月比帰国に至候哉　北京にて暦被請取候手数如何致したる事に候哉
[朝]　迎/皇/暦使は毎歳八月末比都発足十二月比帰国御座候　北京にての手数は別に替り候事も無之　惣ての使者於礼部の役所宴席一度有之由承候

[2][惜陰談:2:4a][日] 五刑을 擧行ᄒᆞ신 法은 져빼도 드ᄅᆞᆺ숩거니와 /그 杖罪도 應當 여러 가지 이실 ᄃᆞᆺᄒᆞ오매 ᄌᆞ셔/ᄒᆞᆫ 일 알코져 ᄒᆞᄋᆸᄂᆡ /
[朝] ᄒᆞ신 대로 여러 가지 잇숩고 亂杖 刑問 [打?]臀/ 撻艸 杖罪數ᄂᆞᆫ 이러ᄒᆞᄋᆸ고 ᄯᅩᄒᆞᆫ 兩班ᄂᆡ 重/ᄒᆞᆫ 罪나 이실 ᄯᅢᄂᆞᆫ 毒死ᄒᆞᄂᆞᆫ 法도 잇숩ᄂᆡ /

[2′][贅言試集:21b] [日] 五刑の内　何々の刑を御取用被成候哉　牛[掣?]　火罪等も御座候哉
[朝] 杖罪の外に斬罪有之候　以前は謀叛人等重き罪人を火罪に被行候事も有之由　[日]本の火罪の仕方とは/22a/違ひ鉄を焼候て直に身に熨候由に御座候　多くは杖罪にて御座候　乱杖{ナンジヤグ/　足ノウラ}刑問{ヘグムン/ ムカウスネ} 打臀{ホリキ/ シリタヽキ} 撻岬{タルゾ/コブロ}　杖罪数如斯御座候　外に歴々重罪有之節は毒死被申付儀有之由に御座候

[3][惜陰談:2:10a][日] 大抵 朝市ᄂᆞᆫ 己酉年의 排設ᄒᆞᄋᆞᆸ시고 其時의ᄂᆞᆫ /2:10b/老女도 ᄃᆞᆫ녀매 館中 사ᄅᆞᆷ이 衣服 셔답도 시기고 /원간 일을 ᄒᆞ오니 ᄀᆞ장 됴ᄉᆞᆸ건마ᄂᆞᆫ 구후 癸/巳年 쓰음의 老女오기ᄅᆞᆯ 막어시되 朝市ᄂᆞᆫ 朝/廷 盛意의셔 나ᄂᆞᆫ 거시오매 還舊ᄒᆞ시과져 ᄒᆞ/ᄋᆞᆸᄂᆡ /
[朝] 우리ᄂᆞᆫ 새로 ᄂᆞ려왓ᄉᆞ오니 그 事緣을 ᄌᆞ셔 /모로오매 同官들의 議論ᄒᆞ여 後日의 죠/2:11a/ᄒᆞᆯ 道理ᄅᆞᆯ 擧行ᄒᆞ게 ᄒᆞᄋᆞᆸ새이다 /
[3′][贅言試集:54a] [日] 御和交の最初朝市被設候節より近村の老女交り諸品持来　殊外館中通用も宜候処　手に合候ものゆへ　間々無理を申掛等なし　入組不絶候付　其節の府使より啓聞有之　老女市に参り不申様に相成候は不遠事なり
右の節館守は岩崎喜左衛門公御代

[4][惜陰談:2:11a][日] 以前은 歲末歲饌의 牛肉[　　　] 와 보내시되 지낸 /乙巳年부터 除ᄒᆞ여 보내신 일이 ᄀᆞ장 如何ᄒᆞ오며 /牛肉은 본ᄃᆡ 莫重ᄒᆞᆫ 禮節之物이니 以前쳐/로 牛肉을 와 보ᄋᆞᆸ셔 [　　] 歲饌도 有貴ᄒᆞ올/가 ᄒᆞᄋᆞᆸᄂᆡ
[朝] 말ᄉᆞᆷ 드ᄅᆞᆺᄉᆞ오며 언제부터 그리 되ᄋᆞᆸᄂᆞᆫ지/2:11b/ᄌᆞ시 曲折

도 모로오매 나간 후에 [　　　]ᄒᆞ여 /보올 거시니 그리 아ᄋᆸ쇼셔

[4′][贅言試集:54b]［日］毎年歳暮音物として一館中役々え両訳より生牛肉を遣居候処　嶋雄太膳公館守御勤の節より　牛は無用にいたし　為替鴨にても遣い候様　御掛合に付　外向は得たりかしこし直に品替に成り　其後御代ゝの館守公より態々牛を殺し其生肉を遣候は甚主意重き事ゆえ何卒復古の事を通詞中えも御含被成候得共　一と度如右相成候事ゆへ　最早難取返　残念の事候

[5][惜陰談:2:13a][日] 以前의 有田何某公 裁判의 當ᄒᆞ여 계실 적/의 某處 宴享이 이셔 東萊府使 大廳의 參/詣ᄒᆞ여 계신ᄃᆡ 그날 ᄇᆡ가 오ゝ며 或 有田은 아니 /오ᄅᆞ신지 무러시더니 막 오ᄅᆞ시며 그러ᄒᆞ면 쉬이 /下陸ᄒᆞ시거든 오래만의 만나 보려 ᄒᆞᄋᆸ시니 즉제 /그대로 奇別ᄒᆞ온ᄃᆡ ᄌᆞᄌᆞ ᄇᆡ를 ᄂᆞ련 김의 大廳의 /2:13b/나와 東萊府使예 面稟ᄒᆞ여 書契 보내더니 바로 /바ᄃᆞ시고 洪知事 同心ᄒᆞ여 幹事 議論을 ᄒᆞ신단 /말 前記錄의도 이셔 果然 親ᄒᆞᆫ 事情이 아니온가 /
[朝] ᄒᆞᄋᆸ신 말ᄉᆞᆷ 드ᄅᆞᆺᄉᆞ오며 과연 그런 일이 잇/ᄂᆞᆫ 것도 常時의 願ᄒᆞ오되 彼此 時節이 轉變/도 잇ᄉᆞ오니 時方 네×되[○대]로 ᄒᆞ쟈 ᄒᆞ온들 任意로 /못ᄒᆞ오매 다만 此後나 交隣之間의 疎隔이 업/2:14a/게 ᄒᆞᆯ 밧근 업ᄉᆞᆸ거니와 그런 말ᄉᆞᆷ은 ᄆᆞᄋᆞᆷ의 /죄오고 잇ᄉᆞ와 새로온 일을 거행ᄒᆞᄂᆞᆫ 거시 듯/ᄉᆞ오되 쳡ゝ히 熟手端의 말ᄉᆞᆷ은 果然 感激/이야 測量히 업ᄉᆞᆸᄂᆡ /

[5′][贅言試集:44b]［日］已前　裁判有田杢兵衛渡着の節　外宴席にて府使御出張被居候処　入船に付　もじは杢兵衛乗り居不申哉と御尋の処丁度乗り居候　　然らは早々揚陸有之候はゝ　　久々にて対面いたし戻由仰に付　早速通し候処　速に揚陸　直に大庁え出張　府使御対面　御書契御披見の上　洪知事同然　其御用向御相談為在候由　旧記にも相見

扨々信親敷事に被存候
［朝］　被仰聞候四ヶ条承知いたし候　御互に時勢の転変に御座候得はとふも右の時の如くいたし候事も不及力　何卒此上御交御疎隔無之様に可心得外は無之候　兎角古き咄は承置候て　新たの事を所置するが宜敷御座候　段々の御懇話何れも忝存候

[6][惜陰談:2:14a] ［日］ 以前 首通事가 別差를 當ᄒᆞ여 參宴ᄒᆞᆫ 째ᄂᆞᆫ /布로 冠帶를 ᄆᆡᆫ들고 竹로 沙帽를 ᄒᆞ다가 그/거시 時方 通廳의 傳ᄒᆞ다 ᄒᆞ오니　올ᄉᆞ오니잇가 /
[朝] /2:14b/니ᄅᆞ시ᄃᆞ시 그 째예ᄂᆞᆫ 그런가 시브오되 아직 우리 /보들 아니ᄒᆞ오니 時方 그 廳이 잇다 ᄒᆞᆸᄂᆡ /
[6′][贅言試集:48a] ［日］ 誠信堂にては前々は重き御用向に付館内御役人罷越候節　両訳も彼所に出張申談候事にて　近来誠信堂にて申談候体の事は　多くは賓日軒にて申談候由　依之　誠信堂の方は重々敷立て有之　軽き者恒々参候事無之候処　近来は其古風も違　賓日軒にての掛合は全く重きも軽きも大も小も皆此誠信堂にて有之由　士正朴僉知訓導の節　吉松右助に咄聞せ候由　則其賓日軒は別差家に成居候　以前は別差は小通事より勤候ゆへ　今以小通事庁には竹の冠に夫に釣合候布の冠服御座候由　判事より別差相勤候様成候は中年よりの事と云へり

[7][惜陰談:2:15a] ［日］ 丙辰年 봄의 餘寒히 甚ᄒᆞ여 죠개 부지예毒/이 잇단 말을 듯고 즉시 士正公 本府의셔 브러 /2:15b/ᄂᆞ려와셔 館中의 알게 ᄒᆞ시되 그런 거슬 부ᄃᆡ /朝市軍들이 드리지 말라 嚴히 分付를 ᄒᆞ/여시되 賤民이란 거슨 興利를 貪ᄒᆞ여 ᄒᆞᄂᆞᆫ /거슨 彼此 다ᄅᆞ지 아니하오니 그 일은 念慮ᄒᆞ엿/다가 그러[ㄴ] 거슬 비록 가져 온들 館中 사ᄅᆞᆷ들 사/지 말게 館司계오셔 分付를 ᄒᆞ시게 傳語官을 /ᄒᆞ여 請ᄒᆞ엿ᄉᆞ오며 그ᄂᆞᆫ 果然 誠信을 重히 너기/2:16a/셔 그리 顧見ᄒᆞᆫ 일이오니 더옥 奇特ᄒᆞ오니 /

부ᄃᆡ 記錄ᄒᆞ여 두시과져 ᄒᆞᄋᆞᆸᄂᆡ /
[7′][贅言試集:49b]　[日]　一　丙辰の春余寒強く貝類に毒有之由承り士正態々東萊より下り来り　館中え申触候は　右体の品決て朝市に不持来候様申付置候得共　賎民の利に貪候は何方も同し事　無心元存候間下り来候　必不調候様　館中え御触被下候様　館守方え通詞中を以申出候由　是誠信の重き所を相尽奇特に存候ゆへ　記置候事

[8][惜陰談:2:24b] [日] 貴國은 兩班ᄂᆡ 生覺을/은 아지 못ᄒᆞᆫ 일이 잇ᄉᆞᆸ고 /爲先 一二條件을 니ᄅᆞ면 大差使 머무실 ᄆᆡ디 /差備官은 커니와 東萊府使 釜山僉使 出入ᄒᆞ/실 ᄢᅢ 或 客舍의셔 춍 노흔 소릐 [　　] /2:25a/더옥 크게 ᄒᆞ여 이런 일도 엇터ᄒᆞᄋᆞᆸ고 우리 ᄆᆞᄋᆞᆷ/의는 大差使 旅館이 近處의 잇거든 誠言信之間/의셔 손님 安心되는 줄 너기시면 火藥을 덜 놋/게 미리 申飭도 ᄒᆞ신 일이 올ᄉᆞ온ᄃᆡ 아마도 未練/ᄒᆞᆫ 計較들 뵈이며 그러나 죵 소릐로 威儀ᄅᆞᆯ ᄒᆞ/ᄋᆞᆸ는고 ᄯᅩᄒᆞᆫ 焰硝 만흔 쟈랑이나 ᄒᆞᄋᆞᆸ는지 /엇지ᄒᆞ나 交隣之間 主客之道의는 맛당치 /2:25b/아닌들 斟酌ᄒᆞ여 果然 不祥이 너기ᄋᆞᆸᄂᆡ /
[8′][贅言試集:40b]　[日]　貴国の歴々方心入一向合点不参事多く御座候　一二を申見候へは　参判使御渡り合の節　接慰官は素り東釜共に大庁出入或は粛拝所にて被為打候鉄砲の薬常より甚強く相成候　是は如何に御座候哉　我々心得候には　参判使御住居も間近の事故　御誠信之間　客之御安気有之様にと被思召候はゝ　却て常躰よりも薬力も減し可被申事に候を　とふやら幼×雅[○稚]の御計と存候　鉄砲の筒音にて威勢を被張候哉　又は焔硝多き御自慢に候哉　いつれにいたし候ても　御和交の間には不穏御心入と気毒に存候

[9][惜陰談:2:25b] [日] 지낸 ᄒᆡ 水使道가 多太鎭의 가ᄋᆞᆸ시고 도로 나가/실 적의 陸路로 館所 겻ᄐᆡᄅᆞᆯ 지나가ᄋᆞᆸ시/더니 그 ᄢᅢ예

沙道의 다ᄃᆞ라ᄂᆞᆫ 죵을 비 오×도[○드]시 노/오매 館所 近處 갓가이 오×토[○도]록 그 죵 소ᄅᆡ가 /徹天ᄒᆞ여 엇터면 무슴 일 나ᄂᆞᆫ가 놀나온 일도 /잇ᄉᆞᆸ고 과연 엇터ᄒᆞ오며 그런 일도 손 待接ᄒᆞᄂᆞᆫ /2:26a/道理예ᄂᆞᆫ 館 갓가히 오도록 操心ᄒᆞ여야 主客之/道의 맛당ᄒᆞ온ᄃᆡ 水使道ᄂᆞᆫ 兩國誠信之間으로 /이 곳의 和館 設立ᄒᆞᄋᆞᆸ고 日本 사ᄅᆞᆷ 머문 줄을 모로/시고 그리 ᄒᆞᄋᆞᆸ신지 부러 그리 ᄒᆞᄋᆞᆸ신 거신지 그 /속을 ᄭᅢ돗치 못ᄒᆞ[ㄴ] 中의 水邊 將×師[○帥]ᄂᆞᆫ 習×陳[○陣]作/法도 잇ᄉᆞ오매 녜ᄉᆞ 行次를 ×나[○니]ᄅᆞ와도 다른 힝ᄌᆞ보/다가 嚴肅히 擧行은 ᄒᆞ신 일인가 시브오되 /2:26b/길의셔 그리도 星火ᄭᆞ지 춍을 논단 말은 뭇/치 못ᄒᆞ오면 우리 오림의ᄂᆞᆫ 我國人이 곱을 낼/가 ᄒᆞ고 부러 노힌 줄을 아오되 我國 사ᄅᆞᆷ은 公ᄂᆡ 아ᄋᆞᆸᄃᆞ시 그만ᄒᆞᆫ 일을 무셔이 너길 姓識히 아/니ᄋᆞᆸ고 도로혀 그 法度ㅣ 愚拙ᄒᆞᆫ 일과 威令히 /行치 못ᄒᆞᆫ 타시라 ᄒᆞ고 우수이 너기오매 이런 일/은 公ᄂᆡ 아라셔 預爲 됴토록 開諭ᄒᆞ여 두시/2:27a/과져 ᄒᆞᄋᆞᆸᄂᆡ /

[朝] ᄒᆞ신 말ᄉᆞᆷ 着實이 드ᄅᆞᆺᄉᆞ오며 水軍 節度/使계셔ᄂᆞᆫ 貴國 風俗을 모로시고 다만 威儀를 /嚴々히 ᄒᆞ려 ᄒᆞ고 ᄒᆞ신 일이오되 誠信 本意/를 니ᄅᆞ면 맛당치 아니ᄒᆞ오매 게ᄭᆞ지 ᄒᆞᄋᆞᆸ신 /말ᄉᆞᆷ은 우리 ᄆᆞᄋᆞᆷ의 感激은 ᄒᆞ오나 도로혀 /붓그럽ᄉᆞ오매 맛ᄎᆞᆷ 水營의 갓ᄉᆞᆸ거든 /2:27b此後ᄂᆞᆫ 그렷치 아니케 잘 開諭ᄒᆞ여 두올 /거시니 그리 아ᄋᆞᆸ쇼셔 /

[9′][贅言試集:41a]［日］先年水営多太浦え被越帰りの節　陸より館所の構外を被通候　　其節は一つ谷道の辺より早打の如く間断もなくトンヽヽと鉄砲を被為打　館構近所にては一入繁く薬も強く相聞候　抑此水営は　日本と朝鮮は御和交にて此処に和館有之　日本人住居の訳御存知にて　右の通為被致事歟　是亦一向分れ不申候　素り水辺の大将故常の行列も必定行軍の作法も可有之哉　仮令行軍に致したる時　道々早打と申す事は不及承事に候　況平常行軍に可有之様も無之　然は唯日本

人おひやかしに被為打候もの哉　右躰の事に日本人は驚き申すものにては無之　却て其人の不所置と其仕方の拙きをあさけり申す事に候　右等の塩梅は各方より宜敷被仰諭置度存候
［朝］ 被仰聞候趣　承候処にては　如何にも御和交の間の心入不都合の事に候　各方御心付の如く　深き所の意味には全く心得無之　我国の風唯めつたにぜい被張候所より起り候事に候　就夫水営の計方等は初てねり一入館中御役々の御気取笑止千万に存候　実は何も知りたる童ウ達にては無之候　宜敷序も候はゝ　諭し置候様可致候

[10][惜陰談:2:27b] ［日］ ᄒᆡ마다 古館 出入ᄒᆞᄋᆞᆸᄂᆞᆫᄃᆡ 船滄 다히로 갈 길/의 ᄯᅳᆷ과 멱셕 붓치로 막어 日本 사ᄅᆞᆷ 防塞ᄒᆞ신 /일이 ᄀᆞ장 괴이ᄒᆞ오며 大抵 우리나라 사ᄅᆞᆷ 姓識/은 공ᄂᆡ도 샹히 아ᄅᆞ신 일이요 그 곳을 ×ᄯᅳᆼ[○ᄯᅳᆷ]으로 막/으나 비록 鐵壁 石壁으로 막으신들 현마 헐고 /2:28a/못 드러가오리잇가 ᄒᆞ믈며 前부터 가ᄂᆞᆫ 곳이오매 /防塞을 아니 ᄒᆞ고 그대로 ᄒᆞ여 두ᄋᆞᆸ시면 前의가 /보던 사ᄅᆞᆷ들은 가 보라 ᄒᆞᄋᆞᆸ셔도 슬희야 ᄒᆞᄂᆞᆫ /일이온ᄃᆡ 부러 防禦ᄒᆞ실 ᄆᆞᄃᆡᄂᆞᆫ ᄆᆡ양 보ᄂᆞᆫ 사/ᄅᆞᆷ이라도 우격으로 가려 ᄒᆞᄂᆞᆫ ᄯᅳᆺ이 아×나[○니] 날가 /시브니잇가 以前 士正 訓導 ᄒᆞ실 ᄯᅩᆼ안은 그런 /弊端도 업고 兩國間의 됴곰도 相較ᄒᆞᄂᆞᆫ 일이 /2:28b/업게 ᄒᆞ시니 館中人이 ᄆᆡ양 奇特히 너길 ᄲᅮᆫ 아니라 /혹 밧긔 難處ᄒᆞᆫ 일이나 이시면 그 告來ᄅᆞᆯ 아니 ᄒᆞᆫ들 士正公이 알라 ᄒᆞ오면 無弊히 되게 ᄒᆞ여 /주마 ᄒᆞ신 모양이 되오매 그 ᄯᅳᆺ을 깁피 生覺ᄒᆞ/시고 各別 周旋ᄒᆞᄋᆞᆸ셔 大小事ᄅᆞᆯ 다 順便이 /ᄒᆞ셔야 兩國 事情의 닉은 사ᄅᆞᆷ이라 ᄒᆞ오리/
[朝] 니ᄅᆞ신 말ᄉᆞᆷ 낫ゝ치 듯ᄌᆞ온즉 至當ᄒᆞᄋᆞᆸ/2:29a/고 士正만ᄒᆞᆫ 니가 업ᄉᆞ오니 實로 애ᄃᆞᆲᄉᆞ오매 /이런 至極ᄒᆞᆫ 말ᄉᆞᆷ은 此後 ᄆᆞᄋᆞᆷ의 ᄆᆡ이게 ᄒᆞ/오리 /
[10'][贅言試集:17a] ［日］ 年々古館詣の節　いつれも船滄の方へ通り候

小路ゝゝの小口に垣を被致　或は苫莚等にて囲い　成丈通り来候所も日本人不通様にと被防候振合有之　甚以気毒に候　日本人の気性は参り来候所ならは　仮令鉄壁にて囲い有之候ても打破て是非共通り候と申気象に候　右等の事も無之　参り来候所えは勝手次第に参り候を　不被防振り見請候へは　参て呉よと被頼候ても不参様に成り候　此塩梅は鉄壁にても築地にても届候事に無之　唯各方の御真実の御勤振りに可有之事と存候　御真実さへ能々打返り候へは　丁度士正御勤の節の通り　外より不被仰候共　館内御役々よりして自然と士正の御迷惑にはならぬ様にと被思召候御心中に押移候　夫故内外穏に至候事に候　ヶ様相成候様御勤被成候が即日本判事の御職分にて　然も御巧者と申すものに候

［朝］被仰聞候逐一承知いたし　御尤至極の事に候　士正等程行届相勤候人無之　残念の事に候　自今は深く御懇話を服膺いたし可申候

【参考文献】

岸田文隆(2012) 「「漂民対話」対話文例の来源についての再追跡」 『訳学書研究』3, 107-127.

朴真完(2011) 「나에시로가와본(苗代川本) 「惜陰談」에 대하여 -조선어 학습서로서의 성격을 중심으로-」 『한국어학』52, 121-148. 서울: 한국어학회

第８課　「漂民対話」

【資料解説】

本書も先の「惜陰談」に同じく、薩摩苗代川に伝わった朝鮮語学書である。その内容は、題名の示すごとく、薩摩領内に漂着した朝鮮人漂流民と尋問のため苗代川から派遣された朝鮮語通詞との対話である。現存の写本としては、以下の３種が知られているが、いずれも苗代川に出自をもつものである。

1)京都大学文学部所蔵本[No. Philology/2D/37a]、２巻２冊（上巻・下巻）、弘化２年（1845）朴元良（泰元）書写。

2)鹿児島沈寿官家所蔵本、２巻２冊＋破本（上巻・下巻・中巻の一部）、嘉永７年（1854）朴寿悦書写。

3)ロシア東方学研究所サンクトペテルブルグ支所アストン文庫所蔵本[No. C 67]、２巻２冊（中巻・下巻）、嘉永７年（1854）姜蘇淳書写。ウィリアム　ジョージ　アストン(William G. Aston)の旧蔵本。

本書上中下巻の内容は、それぞれ次の通りである。

上巻：漂着から長崎護送を迎える日までの取り調べ
中巻：対馬倭館や動植物、食べ物、風俗など、朝鮮の文物・事情についての問答
下巻：漂着船の修理をめぐるやりとり、日本と朝鮮の船についての問答

本書には序跋ともになく、いつ成立したものか明記したものがないが、本文の内容から、だいたい1836年ころに編纂されたものではないかと推される。すなわち、本書の中巻には、朝鮮通信使に関する次のような対話が見られる。

[漂民/ア:中:15a:4]○貴国의셔　日本의　使臣ᄋᆞᆯ　出送ᄒᆞᄋᆞᆸ신　일이　잇단　말이　드ᄅᆞᆺᄃᆞ니　使臣ᄂᆡ　名号ᄂᆞᆫ　무어시라　브ᄅᆞᄋᆞᆸᄂᆞᆫ가

貴国より日本にししゃを　　をさし越なさる　　ことがあると申ことをきゝましたがししゃがた名目は何と唱へまするか

●我国의셔　日本의　보내ᄋᆞᆸ신　使臣名号ᄂᆞᆫ　信行使라　ᄒᆞ고　此ᄂᆞᆫ　웃벼ᄉᆞᆯ　ᄒᆞᄋᆞᆸ신　兩班ᄂᆡ셔　가ᄋᆞᆸ시다가　果然　거륵ᄒᆞᆫ　行次로　凡事　금즉하ᄋᆞᆸᄂᆞᆫ가　시브ᄋᆞᆸ고　其外ᄂᆞᆫ　彼我国의　吉凶事　계실　ᄆᆞ듸　対馬州ᄭᆞ지　보내ᄋᆞᆸ신　使者　잇ᄉᆞᆸᄂᆞᆫ듸　이ᄂᆞᆫ　渡海官　問慰官이라　ᄒᆞ여셔　　日本判事ᄂᆡ　넙고　가시ᄋᆞᆸᄂᆡ

我国より日本に　をさしこしなされまする　使臣名目は信行使と申　これは　高官のれきゝゝがたより　　をこしなされて　　まことに　　すさましひ　　ぎゃうれつで万事ぎゃうさんなことさうにござりまし　其外は　かの国わが国に吉凶事あらせらる節　対馬州まで　をさしこしなさる使者がござりまする処　これは　渡海官　問慰官［と］　申まして　日本判事がた　かふむつて　ゆかしゃれまする

（中略）

○信行使ᄂᆞᆫ　커니와　渡海官이라도　日本의　나오ᄋᆞᆸᄂᆞᆫ　後란　日本의셔　待接이라　ᄒᆞᆫ　말ᄋᆞᆯ　伝次로　드ᄅᆞᆺᄃᆞ니　졍　그러ᄒᆞᄋᆞᆸᄂᆞᆫ가

信行使はもとより渡海官と申ても　日本に　わたられた後は　日本より　をとりもちと申　ことをつたへきひていますが　じつ　さやうで　ござるか

●信行使　일은　우리ᄀᆞᆺᄐᆞᆫ　졀믄　사ᄅᆞᆷ이　엇지　仔細　아오리잇가마ᄂᆞᆫ　넷약이　잇ᄉᆞᆸᄂᆞᆫ듸　凡事　華麗ᄒᆞ기ᄂᆞᆫ　비ᄒᆞᆯ　듸　업고　触処의셔　厳粛ᄒᆞᆫ다　ᄒᆞᆫ　말은　우리나라　사ᄅᆞᆷ도　모로올가　보온고

信行使のことは　わたくしごとき若ひものが　どふして委ふこゝろへていましゃうかなれとも　昔かたりにござりまするが　万事華麗にござることは　たくらぶるものもなく　あたる処ごとに　厳粛あつたと申ことは　わが国の　人もぞんじますまひか

ここで、「信行使」と言っているのは、1811年文化度を最後に廃止されたいわゆる朝鮮通信使のことであると考えられるが、上の文に見られるように、これを若い漂流民が直接の体験としてではなく昔話の伝承として知っている点が注目される。すなわち、1811年より一世代くだった時期が、対話の場面として想定されており、本書の編纂は、大体、1830年台くらいにおこなわれたのではないかと思われる。

さらに、本書の中巻には、年齢を話題とした、次のような漂民のせりふが見られる。

[漂民/ア:中:47b:3]●우리ᄂᆞᆫ 丁酉年 九月初 잇튼날 生이ᄋᆞᆸ고 明年은 還甲이 되ᄋᆞᆸᄂᆞᆫ ᄃᆡ 当身은 春秋 언마나 되여 계시ᄃᆞᆫ고

私は丁酉年九月初二日の生でござりまする　明年は　六十一歳の嘉になりまする処あなたには　を年は　をいくつにをなりなされまするか

これによると、「丁酉年」の前年が対話の場面として想定されていることになるが、これと先述のこととを考え合わせれば、「丁酉年」は1837年に当たることになる。したがって、本書が編纂されたのは、1836年であろう。

本書は、薩摩領内に漂着した朝鮮人漂流民と苗代川の朝鮮語通詞との対話を標榜したものであるが、その本文を仔細に検討すると、必ずしも薩摩の地における現実対話を写したものではないことがわかる。すなわち、本書本文には、対馬の朝鮮語学の影響下に成った「和韓問答」「惜陰談」などの他の朝鮮語学書の文例を引きうつしたと見られる部分が散見されるのである。

[和韓問答:11b] [日] 朝鮮北の境に白頭山と申高山有之よし/　何道の内にて　山の高さは大抵いかほとはかり/12a/有之候哉　宜き人參出か様に承申候　北地に候はゝ/随分寒気強く雪なとも深く冬中は/定て山の絶頂は真白く相成可申候と相察し候処/何月比より雪の積何月比に解候哉　承度存候

朝鮮 北方之境의 白頭山ㅣ[라] ᄒᆞᆫ 노픈 삼 잇ᄂᆞᆫ가 시브ᄃᆞ니/ 어ᄂᆞᆫ 道中의 이셔 뫼 노프기ᄂᆞᆫ 大抵 언마나/12a/ 잇다 ᄒᆞᄋᆞᆸᄂᆞᆫ지 죠흔 人參이 난단 말이 드ᄃᆞᆺᄃᆞ니 北地오면/ 別로 寒気 심ᄒᆞ고 눈도 깁고 겨[올듕]의[ᄂᆞᆫ] 반ᄃᆞ시 뫼 우희ᄂᆞᆫ 버러해여 잇ᄉᆞᆸᄂᆞᆫ ᄃᆞᆺ 斟酌ᄒᆞᄂᆞᆫ[ᄃᆡ] 아모ᄃᆞᆯ 쓰음의셔 눈이 싸혀 아모ᄃᆞᆯ 쓰음의 녹ᄉᆞᆸᄂᆞᆫ지 듯고져 ᄒᆞ[　]

[朝] 右白頭山は咸鏡道の内にて則我国第一の/12b/高山にて山のたかさは凡二里余も有之様に/以前より申伝へ居候　尤宜き人參も出候/　扨又寒気の儀は丁度御明察の通/各別強く雪深かく　素[り?]　九月下旬より/雪降十月より　翌年春[までは]山は一面[　]

/13a/[三?]四月に到り追々残雪解申候/

그 白頭山은 咸鏡道中의 이셔 곳 我国 第一 /12b/노ᄑᆞᆫ 山이옵고 뫼 노ᄑᆞ기ᄂᆞᆫ 大抵 二拾里남아 잇ᄂᆞᆫ 양의/ 以前부터 젼ᄌᆞ말 잇ᄉᆞᆸ고 새로이 죠흔 人參도 나옵고 ᄯᅩᄒᆞᆫ 寒気 일은 맛지 明察ᄒᆞ시ᄂᆞᆫ [대]로/ 심이 집고 눈이/도/ 깁고 오히려 그월 念後 쓰음의셔 눈이 오고 十月부터 이듬ᄒᆡ 봄ᄭᆞ지 山ᄂᆞᆫ 버러해여 [三?]四月의 니ᄅᆞ려 漸々 눈이 녹ᄉᆞᆸᄂᆡ

[漂民/ア:中:55b:4][日] 白頭山은 人參이 나고 일홈난 深山이라 ᄒᆞᄃᆞ니 大抵 노ᄑᆞ기ᄂᆞᆫ 언마나 잇다 ᄒᆞ옵나 山 우희ᄂᆞᆫ 봄ᄭᆞ지 눈이 녹치 아닛다 ᄒᆞ오니 정말이옵나
白頭山は人參がいで　名を云ふ深山と云ますに　凡高さはいかほどあると云ひますか
山いたゝきは春まで雪がきへぬと云ひますが　まことでござるか
[朝] 白頭山은 我国 第一 노ᄑᆞᆫ 山이옵고 人參도 나옵ᄂᆞᆫᄃᆡ 北地오매 ᄆᆡ오 칩고 겨올의셔 이듬ᄒᆡ 三四月ᄭᆞ지ᄂᆞᆫ 눈이 녹지 아닛고 뫼 우희ᄂᆞᆫ 버러해여 잇ᄉᆞᆸ고 뫼 노ᄑᆞ기ᄂᆞᆫ 大抵 二拾里남아 잇다 ᄒᆞ옵ᄂᆡ
白頭山は我国第一の高山でござりまし　人參もでまする処　北地故いかふさむふて冬より翌年三四月までは雪がきへませず　山の頂きはつらりと白んでいまし　山の高さは凡二里あまりあると申まする

なお、上の「和韓問答」の文例は、享和癸亥(1803)の頃釜山の倭館に在館していた戸田頼母があらわした「贅言試集」の次の文例をもとにしたものであろう。

[贅言試集: 22b][日]　白頭山の西面は貴国咸鏡道の地　東面は女真の地にて　人参等も沢山に生し候山の由　深山にて候哉　端山にて候哉　凡山の高さ何程御座候哉
[朝]　深山にて冬より春迄は山頂は白く相成候　山の高さは凡二十里余も有之由に承申候

このことは、「漂民対話」の文例の来源が、その標榜するところとは異なり、釜山倭館ないし対馬にまで遡るものであることを示している。

以下に掲げた本文は、「漂民対話」中巻の一部で、朝鮮の獣、魚、虫などに関する対話である。

【本文】

●朝鮮 ᄯᅡᆼ은 허라기 만히 이셔 잇다감 사ᄅᆞᆷ을 害ᄒᆞ다 ᄒᆞᆫ 말이 드ᄅᆞᆺ더니 실말이ᄋᆞᆸ나 或 ᄆᆞ올의 나왓ᄂᆞᆫ 일도 잇ᄉᆞᆸ나

朝鮮の地は　虎が多くをって　動(ややもす)れは人を害を　すると云ふことをききましたが　じつのことでござるな[か]　若(も)し村にでてくることもござるか

○범은 常時ᄂᆞᆫ 山谷의 이시되 或 ᄆᆞ올의 나와 사ᄅᆞᆷ을 害ᄒᆞᄂᆞᆫ 일이 잇ᄉᆞᆸᄂᆡ

虎はつねは山谷にいますれとも　もしは村に　でてまいり　人を害することがござりまする

●虎皮가 年年 貴国의셔 日本의 数多히 나왓다 ᄒᆞᄂᆞᆫᄃᆡ 그 범은 엇지들 ᄒᆞ여 잡피ᄋᆞᆸ나

虎皮が年々貴国より日本に　夥しう　でてまいると申ところ　その虎はどをともして　とりますか

○허랑은 陥穽으로도 잡고 ᄯᅩ 춍 맛쳐 잡필 法도 잇ᄂᆞᆫ가 시브오되 그 놈 잡피기야 ᄆᆡ오 무셥다 ᄒᆞᄋᆞᆸᄂᆡ

虎は　をとしあなにても とり　又鉄砲をうちあて　とるしかたも　あるさうにござりますれとも　あやつとることこそ いたって　こはひと申まする

●여ᄋᆞ 山獺도 応当 이실 ᄃᆞᆺ시브온ᄃᆡ 사ᄅᆞᆷ을 홀릴 일은 업ᄉᆞᆸ나

狐　たぬきも　きはめて　をらふと　をもひますが　人を化すことはござらんか

○그 놈들은 사ᄅᆞᆷ을 홀릴 놈인 줄은 녯말의 잇ᄉᆞᆸ고 잇다감 보기ᄂᆞᆫ 보오되 尽時 我国 사ᄅᆞᆷ을 홀리단 말은 아직 못 드ᄅᆞᆺᄉᆞᆸᄂᆡ 그ᄂᆞᆫ 언던고 ᄒᆞ면 우리나라ᄒᆞᆫ 허랑이 만ᄉᆞ오매 그 놈들도 져의 저히고 잇ᄂᆞᆫ 타ᄉᆞ로 術내치 못ᄒᆞᄂᆞᆫ가 시브단 所聞을 ᄒᆞᄋᆞᆸᄂᆡ
あやつともは　人を化かすものと申訳は　昔がたりにござりまし　をりにふれ　見ることは　みますれとも　終に我国の人を化したと云ふ　ことは　いまだ承りませぬ　それは　どうかと　申せば　わが国は虎が多ふござります故　あやつともも　かれに　をそれて　をるゆへで　わざをだしへぬであらふと申説をいたしまする

●朝鮮은 牛肉이 常時 잇다ᄒᆞ니 쇼ᄅᆞᆯ 부러 잡혀먹ᄉᆞᆸ나 常人이라도 飯饌이나 먹ᄂᆞᆫ 일이 잇ᄉᆞᆸᄂᆞᆫ가

朝鮮は　牛肉が常にあると云ふが　牛をわざと　しめてくひますか　下(し)も下(じ)もでも　めしのさいなどに　くふことがござるか

○우리나라ᄒᆞᆫ 常時 쇼ᄂᆞᆫ 부러 잡혀먹ᄂᆞᆫ 法이ᄋᆞᆸ고 그런 中 処処의셔 잡필 定数가 잇ᄉᆞᆸ기의 数外 任意로 잡필 일은 못ᄒᆞ오매 常人들은 飯饌은 커니와 드므니 먹ᄂᆞᆫ 일도 쉽지 아니ᄒᆞ외
わが国は　つねに牛はわざとしめてくふ法で　ござります　しかる内処々にてしめる定数が

ござりまするから　数外に自由にしめることはなりませぬ故　下(し)も下(じ)もともは　飯のさいは　さてをき　まれにくふことも　やすかりませぬ

●朝鮮은 大口ᄒᆞ고 明太 青魚라 ᄒᆞᆫ 日本ᄯᅡᇂ 믈의 업고 或 잇다ᄒᆞᆫ들 稀貴ᄒᆞᆫ 고기類가 잇다 ᄒᆞ니 엇지들 ᄒᆞ여 잡ᄉᆞᆸ나 미기의 ᄯᆞ를 고기 아니ᄋᆞᆸᄂᆞᆫ가
朝鮮は　鱈と申　そくい　青魚と云ふ　日本地の　海になく　若し　あ

ると云ふても　まれなる魚るいがあると云ますか　どをどもして　とりますか　餌につく魚ではござらんか

○大口ᄂᆞᆫ 발로 잡ᄂᆞᆫ 고기ᄋᆞᆸ고 明太와 靑魚ᄂᆞᆫ 그믈로 잡ᄉᆞᆸ고 밋갑의 ᄯᆞ를 고기×数[○類] 아니올ᄉᆡ

鱈は梁(やな)にてとる魚でござります　そくいと青魚は網でとりまして　餌につく魚るいではござりませぬ

●믈귕도 발로 잡을 고긴 줄을 엇던 적인가 듯ᄂᆞᆫ 등 ᄒᆞ오니 어ᄂᆞᆫ ᄃᆞᆯ쓰음이 만ᄉᆞᆸ나 ᄯᅩ 잡을　발은 大口 잡을 발과 模様이 ᄀᆞᆺᄉᆞᆸ든고 다ᄅᆞᄋᆞᆸ든고

鮟鱇も梁でとる魚と云ふわけを　とをやらしたみぎり　きひたやうにござるに　何月比(ころ)多ふ　ござるか 又　とる梁は　鱈をとるやなと　模様はにていますか　ちがうていまするか

○믈귕은 十月부터 冬至ᄃᆞᆯ이 만흔 쓰음이ᄋᆞᆸ고 발은 그저 大口 잡을 발로 잡ᄉᆞᆸᄂᆡ

あんこふは　十月より十一月が多ひじぶんでござりまし　梁はやはり鱈をとる梁でとりまする

●道味 져근 거ᄉᆡ 類가 이셔 일홈이 각각 다ᄅᆞᆺᄃᆞ니 朝鮮도 類가 잇ᄉᆞᆸ나 일홈은 무어시라　무엇시라 브ᄅᆞᄋᆞᆸᄂᆞᆫ가

鯛の小(こま)ひのに類があって　名が　をのをの　ちがうて をる処　朝鮮も類がござるか 名は　何々と唱へますか

○우리나라도 서너 類 잇ᄉᆞᆸᄂᆡ 為先 져근 道味 잇고 ᄑᆡᆺ도미 ᄉᆡᆼ

사리 ᄯᅩ 거믄 거슬 甘生伊라 ᄒᆞᄋᆞᆸᄂᆡ
わが国も　三四るい　ござりまする　まつ　小鯛ござり　ち鯛　あをばな小鯛　又　くろひのをちんだいと　申まする

●海蝿(히폴)은 엇지들 ᄒᆞ여 먹ᄉᆞᆸᄂᆞᆫ가 젓 ᄃᆞᆷ아 놋고 먹ᄂᆞᆫ 法은 업ᄉᆞᆸ나
海月は　とをとも　してくひますか　しほづけにして　をき　くうしかたは こさらぬか

○海蝿은 우리나라ᄒᆞᆫ 젓 담아 놋고 먹을 법은 업ᄉᆞᆸ고 或 生으로 쟝만ᄒᆞ여 먹ᄂᆞᆫ 일은 잇ᄉᆞ오되 ᄯᆞ로 먹을 법은 모로ᄋᆞᆸᄂᆡ
くらげは　わが国は　しほづけにして　をき　くふしかたは　ござりませぬ　若し　なまでこしらへて　くふことはござりますれとも　別にくうしかたはぞんじませぬ

●朝鮮 ᄯᅡ은 ᄇᆡ얌 類가 만히 잇고 더옥 和舘은 만다 ᄒᆞ오니 졍말이ᄋᆞᆸ나
朝鮮の地は　へびのるいが　たんと　をり　いよいよ　和館は多ひと云ひますが　じつじょふで　ござるか

○맛치 ᄒᆞ시ᄂᆞᆫ 대로 ᄇᆡ얌 뉘 만ᄒᆞᆫ 中 日本舘中쳐로 만ᄒᆞᆫ ᄃᆡ가 어ᄃᆡ 잇ᄉᆞ오리잇가
丁ど　をふせの　とをり　へびるいが　多ひ　内　日本館中の　やうに多ひ　処が　どこに　ござりましゃうか

●그림새도 이실 ᄃᆞᆺ시브온ᄃᆡ 잡아 기러 두고 우ᄂᆞᆫ 소ᄅᆡ를 듯고 喜樂ᄒᆞᆫ 일은 업ᄉᆞᆸ나
鈴虫も　をらふと　をもひます処　とってかうて をき なく声をきひて

たのしむことはござらんか

○그림새도 잇기ᄂᆞᆫ 잇ᄉᆞ오되 셔울 다히ᄂᆞᆫ 엇치 ᄒᆞᄋᆞᆸᄂᆞᆫ지 모로ᄋᆞᆸ거니와 外方의셔 그림새ᄅᆞᆯ　기러 두고 소ᄅᆡᄅᆞᆯ 듯고 줄기다 ᄒᆞᆫ 말은 아직 못 드ᄅᆞᆺᄉᆞᆸ데
鈴虫も　をることは　をりますれとも　都あたりにては　いかかいたされまするか　ぞんじませねとも　外方にては　すす虫を　かひをき　声をきひてたのしむと云ふことは　いまだ　承りませぬ

●朝鮮도 ᄆᆡ얌이 応当 이실 ᄃᆞᆺ시브ᄃᆞ니 샹히 五六月부터 漸漸나와 東山 나모가지나 或은 울이나 또ᄂᆞᆫ 집 쳠의도 안자 여러소ᄅᆡ로　ᄆᆡ얌ᄆᆡ얌이라 우ᄂᆞᆫ 소ᄅᆡ야 진짓 급ᄌᆞᆨ스로온 거시온ᄃᆡ貴国 ᄆᆡ얌도 그쳐로 큰 소ᄅᆡ로 싯그로이 우ᄋᆞᆸ나
朝鮮も　蝉が　きはめて　をらふと　をもひますが　いつも五六月よりぜんぜんでてまいり　園の木のえたなど　あるひは　かきなど　又は家ののきにもとまり　こへごへにて　みんみんとなく声こそ　まことにせはらしひ　ものでござる処　貴国のせみもあのやうに大(ふと)ひ声でやかましうなきますか

○ᄆᆡ얌이야 어ᄂᆡ 나라 ᄆᆡ얌이라도 다ᄅᆞ오리잇가 그 놈들이 左右의셔 큰 소ᄅᆡ 내여 여러히 울　ᄯᆡᄂᆞᆫ ᄒᆞᆫ 房의 이셔 갓가히 안ᄌᆞᆸ다가 말ᄉᆞᆷᄒᆞ여도 듯기 어려올 적도 잇고 밧븐 ᄯᆡᄂᆞᆫ 더옥 답답ᄒᆞᄋᆞᆸᄂᆡ
せみこそ　いづくの蝉と申ても　ちがいましゃふか　あやつどもが左右より大(ふと)ひ声を　だし　あまたなき立る時は　一座に　をって　ちかふすわって　はなしをいたしても　ききびくひこともござり　いそがしひ時などは　いよいよ　きぜきにござりまする

●그리매와 강귀ᄂᆞᆫ 져근 놈들이로되 甚히 사오납고 그리매ᄂᆞᆫ 飮食의 들면 毒ᄒᆞ다 ᄒᆞ고 ᄯᅩ 강긔ᄂᆞᆫ 졈 긔여도 내가 이셔 먹지 못ᄒᆞ게 되고 더고나 櫃나 欌이나 ᄂᆞᆷ 모론 ᄉᆞ이예 드러 衣服類 其外 웟갓 칠ᄒᆞ여 잇ᄂᆞᆫ 겻들 열업시 물고 임의 헌 거시 되여 앗가온 거시 만ᄉᆞᆸ데 朝鮮도 잇ᄉᆞᆸᄂᆞᆫ가

げじとあまめは小(こま)いものともなれとも　いたってあしく　げじは　飲食に入れば毒すると云ひ　又　あまめは　ちょとはふても　にほひがあって　くはれぬやうになり　まだもふ　ひつやら　戸棚などに人のしらぬ間に入り　衣服類　其外　すべて ぬりものなどをむえきにかぶり　既きつものになっておしひ品が多ふござる 朝鮮もおりますか

○그리매ᄂᆞᆫ 만치 아니ᄒᆞ오되 강귀ᄂᆞᆫ 집마다 이셔 飮食의 ᄃᆞ로고 오히려 아모거시라도 물고 모지로온 놈들이올ᄉᆡ
げじは多かりませねとも　あまめは家ごとに　いまして　飲食につきまだも　何品にてもかぶって　にくらしひやつともでござりまする

【注釈】

ᄯᅡᆼ: 土地

허라기: 本来호랑이とあるべきところであるが、日本語の干渉によりㅗとㅓおよび[g]と[ŋ]を混同したもの。

あまめ: ごきぶり

【参考文献】

岸田文隆 (1997) 「『漂民対話』のアストン文庫本について」 『朝鮮学報』 164, 33-53.

岸田文隆(2012) 「「漂民対話」対話文例の来源についての再追跡」 『訳学書研究』3, 107- 127.

鶴園裕 (1995)「沈寿官家本『漂民対話』について」『朝鮮学報』156, 97-128.

安田章 (1966) 「苗代川の朝鮮語写本類について -朝鮮資料との関連を中心に-」

『朝鮮学報』39/40, 210-237.
李康民 (1990)「薩摩苗代川に伝わる漂民対話について」『国語国文』59-9, 1-26.
李康民 (1996) 「朝鮮資料의 一系譜 -苗代川本의 背景-」 『日本学報』36, 89-114. 서울: 韓国日本学会.
片茂鎮・岸田文隆(2006) 『(아스톤旧蔵·京都大学文学部所蔵)漂民対話 -解題・本文・索引・原文-』 서울: 不二文化.

第9課　従政年表

【資料解説】

「従政年表」は、朝鮮末期に実務官僚として活躍した魚允中（1848－1894）が記した、1868年7月8日から1893年3月18日までの日記である。魚允中は1869年に文科及第を果たし、承政院の下級官吏である注書として官職についたのを皮切りに、1896年甲午改革政府の崩壊後に命を落とすまで、様々な官職を歴任した。その政治活動が簡潔に記されている本史料は、一族に筆写本が伝えられていたが、1958年に国史編纂委員会において活字化され、韓国史料叢書から発刊された。19世紀後半においても、公文書は漢文で記されており、両班の書き物は漢文を使用するのが一般的であった。本書も全て漢文で記されている。

本課で取り上げたのは、高宗18年辛巳（1881）12月14日の記述であり、朝士視察団として日本に派遣された魚允中の、高宗への復命報告が記されている箇所である。高宗の親政開始後、1876年2月に日本と日朝修好条規を結んだ朝鮮は、1880年代に入ると、新たに設置した統理機務衙門を中心に、開化政策を推進していった。その一環として行われたのが、日本への視察使節、すなわち朝士視察団の派遣であり、魚允中はこのメンバーに抜擢されたのであった。

辛巳斥邪上疏が勢いを増していた1881年2月に決行された朝士視察団派遣は、反対を避けるため、各員を暗行御史に任命してばらばらに釜山に集結させ、そこから日本に出発するという方式をとった。対馬を経て4月に長崎入りした一行は、そのまま海路で神戸に向かい、大阪、京都を見物し、再び神戸から蒸気船で横浜へ到着後、汽車で東京に向かった。その後ほぼ一ヶ月東京に滞在して政府各省をはじめとする様々な機関の視察を行った。魚允中は大蔵省等の視察を担当した後、その足で長崎から清に渡り、朝米條約をめぐって李鴻章と会談を行った後、再び長崎経由で朝鮮に帰国した。

本課の史料は、前半部の「上」（高宗）と魚允中の質疑応答、後半部の日本における旅程報告からなっている。前半部では、高宗の日本や清に対する様々な関心と、魚允中の鋭い観察眼が興味深い。後半部には、一部に吏読が使用されている点も注目される。原文は国史編纂委員会編のものを参照し、句読点や漢字を一部修正した。

★朝鮮の漢文史料読解ポイント

19世紀以前の朝鮮半島に関連する研究を志す場合、漢文史料の解読は必須である。日本語に解釈することの第一歩は、書き下し文を作ることであり、その方法については高等学校以前に一通り学習してきたはずである。基本ルールはそう複雑ではない漢文史料の読解が、相当の時間を要するのは、使われている単語の意味を正確に把握し、登場する固有名詞の背景を知るために、様々な「工具」を使って調べられるだけ調べるという作業が必要であるためである。

私たちが日々慣れ親しんでいる漢字であっても、史料の中ではあっと驚く意味で用いられている場合もある。奥深い漢字の世界における一番の案内人は、何と言っても諸橋轍次『大漢和辞典』（大修館書店、1955年）であろう。全12巻（+索引1巻）の大辞典は、慣れるまで引くだけでも大変であるが、ぜひ親しんでもらいたい。しかし、『大漢和辞典』はあくまでも中国の漢籍をベースに編まれたものであり、朝鮮独特の漢字語、固有語には全く対応できない。そこで便利なのは、朝鮮総督府編『朝鮮語辞典』（朝鮮総督府、1920年。1974年に国書刊行会の復刻あり）である。この辞書は、単語が朝鮮語の音順に並べられており（現在の音とは表記が異なる）、朝鮮時代の官名や吏読まで収録されていて、手元にあると大変使い勝手が良い。ちなみに、吏読についてより詳しく調べたい場合は、朝鮮総督府中枢院編『吏読集成』（朝鮮総督府、1937年）が便利である。もちろんこれら日本語の辞書のみならず、韓国で出版された漢韓辞典も活用しよう。檀国大学校附設東洋学研究所編『漢韓大辞典』（檀国大学校出版部、1992年～2008年）は諸橋『大漢和』、総督府『朝鮮語辞典』双方をカバーしている、韓国を代表する漢字辞典である。

一方、固有名詞をどこまで調べられるかは、史料の解釈に大きく関わってくる。日本語のものには、伊藤亜人ほか『朝鮮を知る事典・増補版』（平凡社、2000年）や、木村誠ほか『朝鮮人物事典』（大和書房、1995年）などがあるが、やはり圧倒的に単語量が不足する。韓国における事典で最も網羅的なのは韓国精神文化研究院『韓国民族文化大百科事典』（1991～1995年）であるが、近年WEB検索が無料化され、大変便利になった（http://encykorea.aks.ac.kr/）。韓国のデータベースは日々充実の一途をたどっており、韓国歴史情報統合システム（http://www.koreanhistory.or.kr/）では主だった歴史研究機関のサイトがほとんど連携されている。韓国学中央研究院蔵書閣デジタルアーカイブの韓国史基礎辞典（http://yoksa.aks.ac.kr/main.jsp）、韓国歴代人物総合情報システム（http://people.aks.ac.kr/index.jsp）などを含んで一括検索がかけられるので、大変有用である。

【本文】

十二月十四日

還京復命。東萊暗行御史魚□□入来。傳曰留待。傳曰入待。入待于熙政堂〔承旨朴鳳彬・假注書李郷卿・兼春秋趙光祐・別兼春秋金炳吉―原注。編者記〕。上曰、既従往來諸人詳聞、而水路險遠、善爲往來乎。允中曰、憑恃王靈、無事往還矣。上曰、其國情形、盖如何乎。允中曰、顧今局勢非富強、無以保國。故上下之一意經營者、即此一事而巳。上曰、中原事與各国虚實、詳探詳知乎。允中曰、豈敢曰詳知、槩有所聞耳。上曰、中原人多有來留云、中原事亦有詳探者乎。允中曰、中國曾不暗外情、所以多生枝節、近來深致力於軍事、剗平羣寇。而此則賴曾国藩・左宗棠・李鴻章諸人也。所藉而得力者、雖有八旗軍緑營兵、猶頼准軍湘軍也。上曰、大國事有勝於前日乎。允中曰、與俄有釁、近已賠償、遂得消釁、漸欲修擧實政矣。上曰、日本外若富強、而內實不然云乎。允中曰、一國皆勉力於富強、而於維新初、浪費財力、國債至爲三億五千萬、割歲入之半、歸之償債、所以其國人憂之。上曰、爾之所掌、果有詳錄者乎。允中曰、豈敢曰詳細無漏、只擧綱領、未及細目耳。上曰、年前湖南御史之行、多有茂績、已知綜核明敏、而今有特命也。允中曰、臣鹵莽蔑劣、不能稱命矣。上曰、近來中原果務何事乎。允中曰、始以軍務專心用力、近復開招商局、用輪船、且勸商業矣。外人之來、即之通商、則我亦可以商務應之故耳。上曰、自日本距中原、爲幾里乎。允中曰、自長崎距上海爲二千三百里矣。上曰、日本之於我國、姑無他意乎。允中曰、彼曾以敵國視我、自與西人通商以來、視我爲隣國。而其無他意與否、在我不在彼。我雖得富強之道而行之、彼不敢有他意、不然而彼強我弱、難保無他事矣。隣國之強、非我國之福也。上曰、近日各國相爭、專任富強、宛與戰國時事同也。允中曰、誠然。春秋戰國、即小戰國也、今日即大戰國也、皆只以智力爭雄矣。上曰、其國亦務農事乎。允中曰、深致力於農商矣。上曰、程途爲幾許、往還爲幾個月乎。允中曰、程里曾未算計、往還爲三百餘日矣。上曰、東萊絶影島設施、即爲防守海門。其形便果如何乎。允中曰、近来漸欲保聚矣。上曰、東萊果無急切之弊、而民間痼瘼、亦如何乎。允中曰、統以嶺南論之、無邑不弊。獨於萊府、別無巨瘼可以仰陳者耳。上曰、結弊近來尤甚云、果然乎。允中曰、曾有改量田後、不無爲弊矣。上曰、今年可謂小康、而嶺南獨値歉荒、沿路所見果何如乎。允中曰、蔚山・慶州・梁山等邑、偏被水災、民生難保、見之甚悶、聖念及於此、南民聞必感泣矣。上曰、何處留宿而入來乎。允中曰、自近郊入來矣。

呈書啓。臣於本年正月祗奉聖旨、越四月、與行護軍臣朴定陽等、自東萊賃載東洋輪船、向往日本。到長崎港、覽造船所工作局學校及高島媒礦是白遣、仍到神戸港從火車到大坂、觀鎭臺兵演操、歷覽砲兵工廠、造幣局、製紙所、博覽會、病院、監獄是白遣、入西京、觀女紅場、盲啞院是白遣、更至大津、觀琵琶湖、還至神戸、乘輪船秪横濱、直達江戸、於人、見三條實美、巖倉具視、寺島宗則、副島種臣、山田顯義、井上馨、大山巖、川村純義、松方正義等、於官省工場、見外務、内務、大藏、陸軍、海軍、工部、農商務省、開拓使、元老院、大學校、士官學校、戸山學校、師範學校、工部大學校、海軍兵學校、機關學校、語學校、農學校、電信、郵便、印刷、瓦斯局、教育博物舘、博覽會、製紙所、集治監、砲兵工廠、育種場、横須賀造船所是白遣、日主之北巡也、追至宇都宮觀兵、至日光山奉審孝廟御筆是白乎旀、諸臣、皆後先歸航是白乎矣、臣則才鈍識淺、無所見聞是白乎故、仍留數月是白如可、還從長崎、西渡至中國上海、見蘇松太、兵備道劉瑞芬、往江南機器製造總局、觀造礮槍軍火、更付中國招商局輪船、到天津、見直隷總督李鴻章、海關道周馥、更從航路、由上海抵長崎、還泊釜山港登陸是白乎旀、大藏省事務及財政見聞、另成册子、以備乙覽是白齊。

【注釈】

〔官〕官職名、〔人〕人名、〔固〕その他の固有名詞、〔地〕地名、〔吏〕吏読

復命　王命を承けた者が事を終えて帰京上奏すること
熙政堂〔固〕
承旨〔官〕
朴鳳彬〔人〕
假注書〔官〕
李鄉卿〔人〕
春秋〔官〕
別兼春秋〔官〕
趙光祐〔人〕
金炳吉〔人〕
憑恃　よりたのむ
王靈　王の御心
一意　心を一つにする
經營　規模を定め基礎を立てて物事をおさめ営むこと。
而巳　のみ
中原〔固〕
虚實　うそとまこと
枝節　やっかいごと
剗平　けずって平らにする

羣寇　むらがる賊
曾国藩〔人〕
左宗棠〔人〕
李鴻章〔人〕
八旗軍〔固〕
綠營兵〔固〕
淮軍〔固〕
湘軍〔固〕
俄　ロシア
釁　ここではイリ戦争を指す
修擧　立派になる
湖南〔固〕
茂績　立派な事業
綜核　すべくくって明らかに調べ上げる
鹵莽蔑劣→鹵莽滅裂
招商局〔固〕
輪船　蒸気船
宛　あたかも
絶影島〔地〕
保聚　あつまりまもる
痼瘼　長い病
嶺南〔地〕
結　田税
量田　政府が田畑を測量すること
歉荒　飢饉
蔚山〔地〕
慶州〔地〕
梁山〔地〕

書啓　奉命官の復命書
聖旨　王の命令
行護軍〔官〕
朴定陽〔人〕
造船所〔固〕　工部省所管長崎造船局
工作局學校〔固〕　工部省傘下
高島媒礦〔固〕　高島炭鉱
是白遣（～이삷고）〔吏〕～이시고
火車　汽車
鎭臺〔固〕大阪鎮台
砲兵工廠〔固〕　大阪砲兵工廠
造幣局〔固〕
製紙所〔固〕
博覽會〔固〕
病院〔固〕
監獄〔固〕
西京〔地〕
女紅場〔固〕
盲啞院〔固〕京都盲唖院
三條實美〔人〕
巖倉具視〔人〕
寺島宗則〔人〕
副島種臣〔人〕
山田顯義〔人〕
井上馨〔人〕
大山巖〔人〕
川村純義〔人〕
松方正義〔人〕
開拓使〔固〕
元老院〔固〕
大學校〔固〕　東京大学
士官學校〔固〕陸軍士官学校
戸山學校〔固〕陸軍戸山学校
師範學校〔固〕東京師範学校
工部大學校〔固〕
海軍兵學校〔固〕
機關學校〔固〕海軍機関学校
語學校〔固〕東京外国語学校
農學校〔固〕駒場農学校
瓦斯局〔固〕

教育博物舘〔固〕東京教育博物館
博覽會〔固〕第二回内国勧業博覧会
製紙所〔固〕
集治監〔固〕
砲兵工廠〔固〕東京砲兵工廠
育種場〔固〕三田育種場
横須賀造船所〔固〕
日主〔固〕
奉審
孝廟〔固〕
御筆
是白乎旀（이삷오며）〔吏〕～이시며
是白乎矣（이삷오되）〔吏〕 ～이시되
是白乎（이삷온）〔吏〕 ～이시온
是白如可（이삷다가）〔吏〕～ 이시다가
蘇松太〔人〕
兵備道〔官〕
劉瑞芬〔人〕
江南機器製造總局〔固〕
礮槍　銃
軍火　鉄砲弾薬などの総称
直隷總督〔官〕
海關道〔官〕
周馥〔人〕
是白齊（이삷제）〔吏〕～이옵니다. ～이올시다.

【参考文献】

李光麟ほか（1979）『魚允中全集』亜細亜文化社
国史編纂委員会（1958）『韓国史料叢書6　陰晴史・従政年表』探求堂

第10課　西遊見聞

【資料解説】

兪吉濬（1856－1914）著『西遊見聞』は、1895年に刊行された、開港期を代表する啓蒙書である。

兪吉濬は、前課で取り上げた魚允中が1881年に紳士遊覧団として日本に派遣されたとき、朴珪寿の推薦を受けて随行員として同行した人物である。兪吉濬は、紳士遊覧団の任務が終わった後も日本にとどまり、福沢諭吉の家に起居しながら慶応義塾で学んだ。

1882年、壬午軍乱が発生すると、兪吉濬は留学を中断して帰国した。壬午軍乱が鎮圧され、閔氏政権のもとで本格的に開化政策が実施され始めると、兪吉濬もこれに参画することになった。外交専門担当機関として新設された統理交渉通商事務衙門の主事に任命され、朝鮮初の新聞である『漢城旬報』発刊に携わった後、1883年にアメリカに派遣された報聘使閔泳翊の随行員に任命された。使節帰還後も兪吉濬はアメリカに残り、生物学者でありマサチューセッツのピバディー博物館長であったモースの個人指導を受ける傍ら、大学予備学校であるダンマーアカデミーに学び、最初の朝鮮人アメリカ留学生となった。

ところが1884年に甲申政変が起こったことを知った兪吉濬は、ヨーロッパ周りで1885年12月に帰国した。帰国後、兪吉濬は甲申政変首謀者らとの関係から逮捕されたが、辛くも死刑は免れ、7年間の監禁生活を送ることとなった。『西遊見聞』が実際に執筆されたのはこの時で、1889年に脱稿されている。『西遊見聞』の構想は、日本留学時代、福沢の『西洋事情』にも影響を受けながら成されたとされているが、その後の渡米、渡欧経験を通して、兪吉濬が直接見聞き学んだことが土台となっていることは言うまでもなかろう。しかし、刊行が実現したのは、日清戦争終結直後の1895年４月、日本の東京においてである。時に朝鮮では、金弘集と朴泳孝連立内閣による甲午改革が進行中であった。

『西遊見聞』の構成は、全20編から成っている。地球の成り立ちから説き始め、終盤にはワシントン、ロンドンをはじめとする欧米各都市の紹介といった紀行文の要素も含まれている。しかしその中心は、国際関係、政治、行政、法律、教育、軍事、歴史、商業、技術、生活習慣などの多岐にわたる分野について、西洋における考え方、実際の状況を紹介しつつ、朝鮮の将来をいかに構築していくか、その道筋を示そうとするところにあるといえる。朝鮮における初めての体系的な西洋論であり、後世にも大きな影響を与えた。

本課では、第３編「邦国の権利」の一部を取りあげる。自然的に国が保有する権利と、それを保障する公法について論じたこの編は、ホイートンの『万国公法』や、国際法学者ジョン・オースティンの学説、朝鮮政府の外交顧問デニーの『清韓論』などが参考にされている。現実的には弱肉強食が横行する国際社会において、朝鮮が独立主権を確保する道を探る兪吉濬の思索の跡が如実にうかがえる部分である。

なお、文体は国漢文が使用されている。その理由について、兪吉濬は序文で述べているが、第一に漢字に習熟していない人にでもわかりやすいこと、第二に本人の作文、記述に便であること、第三に『七書諺解』（四書三経のハングル解説書）の記述方法に習って明解に記述できること、の三点を挙げている。ここでは第３編全12節のうちの６節まで（２節は省略）、分かち書きをして句読点を補った。

★国漢文史料読解のポイント

国漢文史料は、日本語母語話者には漢文史料より読みやすいかもしれない。漢字語については、前課で説明した工具を用いて調べたうえで、ハングル表記の部分のうち、特に語尾に注意して解釈していけばよい。語尾について、日本語の辞書ではなかなか調べにくいが、国立国語院『標準国語大辞典』（1999年、斗山東亜。http://www.korean.go.kr インターネットで検索できるが、日本語ウィンドウズの場合、ハングルの旧字体は文字化けする）など、韓国の大きな国語辞典を調べれば、大部分はカバーできる。

【本文】

一

夫邦國은 一族의 人民이 一方의 山川을 割據ᄒᆞ야 政府ᄅᆞᆯ 建設ᄒᆞ고 他邦의 管轄을 不受ᄒᆞᄂᆞᆫ者니 然ᄒᆞᆫ 故로 其國의 最上位ᄅᆞᆯ 占ᄒᆞᆫ者ᄂᆞᆫ 其君主며 最大權을 執ᄒᆞᆫ者도 其君主라. 其人民은 其君主ᄅᆞᆯ 服事ᄒᆞ며 其政府ᄅᆞᆯ 承順ᄒᆞ야 一國의 體貌ᄅᆞᆯ 保守ᄒᆞ고 萬姓의 安寧을 維持ᄒᆞᄂᆞ니 一國을 比ᄒᆞ건ᄃᆡ 一家와 同ᄒᆞ야 其家의 事務ᄂᆞᆫ 其家가 自主ᄒᆞ야 他家의 干涉ᄒᆞᆷ을 不許ᄒᆞ고 又一人과 同ᄒᆞ야 其人의 行止ᄂᆞᆫ 其人이 自由ᄒᆞ야 他人의 指揮ᄅᆞᆯ 不受ᄒᆞᆷ과 一樣이니 邦國의 權利도 亦然ᄒᆞᆫ지라. 此權利ᄂᆞᆫ 二種에 分ᄒᆞ야 一曰 內用ᄒᆞᄂᆞᆫ 主權이니 國中의 一切政治及法令이 其政府의 立憲을 自遵ᄒᆞᆷ이오. 二曰 外行ᄒᆞᄂᆞᆫ 主權이니 獨立과 平等의 原理로 外國의 交涉을 保守ᄒᆞᆷ이라. 是ᄅᆞᆯ 由ᄒᆞ야 一國의 主權은 形勢의 強弱과 起原의 善否며 土地의 大小와 人民의 多寡ᄅᆞᆯ 不論ᄒᆞ고 但其內外關係의 眞的ᄒᆞᆫ 形像을 依據ᄒᆞ야 斷定ᄒᆞᄂᆞ니 天下의 何邦이든지 他邦의 同有ᄒᆞᆫ 權利ᄅᆞᆯ 不犯ᄒᆞᄂᆞᆫ 時ᄂᆞᆫ 其獨立自主ᄒᆞᄂᆞᆫ 基礎로 其主權의 權利ᄅᆞᆯ 自行ᄒᆞᆫ 則各邦의 權利ᄂᆞᆫ 互係ᄒᆞᆫ 職分의 同一ᄒᆞᆫ 景像을 由ᄒᆞ야 其德行及習慣의 限制ᄅᆞᆯ 立ᄒᆞᆷ이라. 如此히 邦國에 歸屬ᄒᆞᄂᆞᆫ 權利ᄂᆞᆫ 國의 國되ᄂᆞᆫ 道理ᄅᆞᆯ 爲ᄒᆞ야 其現體의 緊切ᄒᆞᆫ 實要니 是故로 此ᄅᆞᆯ 立本ᄒᆞᆫ 權利라 謂ᄒᆞᄂᆞᆫ者라. 今此立本ᄒᆞᆫ 權利ᄅᆞᆯ 枚擧ᄒᆞ건ᄃᆡ

第一 現存과 自保ᄒᆞᄂᆞᆫ 權利니 此ᄅᆞᆯ 從ᄒᆞ야 流出ᄒᆞᄂᆞᆫ 者ᄂᆞᆫ

甲 伸枉ᄒᆞᄂᆞᆫ 權利

和平ᄒᆞᆫ 調停과 辦理와 互饒며 勸和와 專斷이며 又面議

와 國會의 道를 由ᄒᆞ야 任行홈

乙 報應ᄒᆞᄂᆞᆫ 權利

丙 荅搶ᄒᆞᄂᆞᆫ 權利

丁 相爭ᄒᆞᄂᆞᆫ 物을 擒捉ᄒᆞᄂᆞᆫ 權利

戊 捙理ᄒᆞᄂᆞᆫ 權利

己 宣戰과 决和ᄒᆞᄂᆞᆫ 權利

自保ᄒᆞᄂᆞᆫ 權利를 因ᄒᆞ야 平權ᄒᆞᄂᆞᆫ 道의 轉出홈

第二 獨立ᄒᆞᄂᆞᆫ 權利니 平均과 敬重ᄒᆞᄂᆞᆫ 權利를 包홈

第三 產業（土地）의 權利

第四 立法ᄒᆞᄂᆞᆫ 權利

第五 交涉과 派使와 通商의 權利

第六 講和와 决約ᄒᆞᄂᆞᆫ 權利

第七 中立ᄒᆞᄂᆞᆫ 權利

三

此ᄂᆞᆫ 邦國의 自有ᄒᆞᆫ 權利니. 其一이 闕ᄒᆞᆫ 則國이 國되기 不能ᄒᆞ며 又不可ᄒᆞᆫ지라. 今夫世界의 廣大홈을 擧ᄒᆞ야 一鄕里에 比ᄒᆞᆫ 則各一隅에 占據ᄒᆞᆫ 諸國은 同里에 墻籬相接ᄒᆞᆫ 諸家와 同ᄒᆞᆫ 者라. 比隣의 景況은 友睦ᄒᆞᄂᆞᆫ 信義를 結ᄒᆞ며 資益ᄒᆞᄂᆞᆫ 便利를 通ᄒᆞ야 人世의 光景을 助成ᄒᆞᄂᆞ니. 物의 不齊홈으로 諸人의 強弱과 貧富ᄂᆞᆫ 必然其差異가 有홀디나 各其一家의 門戶를 立ᄒᆞ야 平均ᄒᆞᆫ 地位를 保守홈은 國法의 公道로 人의 權利를 護홈이니. 邦國의 交際도 亦公法으로 操制ᄒᆞ야 天地의 無偏ᄒᆞᆫ 正理로 一視ᄒᆞᄂᆞᆫ 道를 行ᄒᆞᆫ 則大國도 一國이오 小國도 一國이라. 國上에 國이 更無ᄒᆞ고 國下에 國이 亦無ᄒᆞ야 一國의 國되ᄂᆞᆫ 權利ᄂᆞᆫ 彼此의 同然ᄒᆞᆫ 地位로 分毫의 差殊가 不生ᄒᆞᆫ지라. 是以로 諸國

이 友和ᄒᆞᆫ 意로 平均ᄒᆞᆫ 禮ᄅᆞᆯ 用ᄒᆞ야 約款을 互換ᄒᆞ며 使節을 交派ᄒᆞ야 強弱의 分別을 不立ᄒᆞ고 其權利ᄅᆞᆯ 相守ᄒᆞ야 侵犯ᄒᆞ기 不敢ᄒᆞ니. 他邦의 權利ᄅᆞᆯ 不敬ᄒᆞ면 是ᄂᆞᆫ 自己의 權利ᄅᆞᆯ 自毁ᄒᆞᆷ인 故로 自守ᄒᆞᄂᆞᆫ 道에 謹慎ᄒᆞᄂᆞᆫ 者ᄂᆞᆫ 他人의 主権을 不損ᄒᆞᄂᆞᆫ 緣由라.

四

然ᄒᆞ나 國의 大小와 強弱을 由ᄒᆞ야 其形勢의 不敵ᄒᆞᆷ이 生ᄒᆞᄂᆞᆫ 故로 有時強大國이 公道ᄅᆞᆯ 不顧ᄒᆞ고 其力을 自恣ᄒᆞᄂᆞᆫ지라. 弱小國이 其自保ᄒᆞᄂᆞᆫ 道ᄅᆞᆯ 爲ᄒᆞ야 他邦의 保護ᄅᆞᆯ 受ᄒᆞ니 此ᄂᆞᆫ 受護國이오. 又或他邦에 貢物을 贈遺ᄒᆞ야 或舊傳ᄒᆞᄂᆞᆫ 約章을 遵ᄒᆞ며 或新訂ᄒᆞᆫ 條款을 依ᄒᆞ야 其侵奪ᄒᆞᆫ 土地ᄅᆞᆯ 索還ᄒᆞ며 後來의 攻伐을 免ᄒᆞ니 此ᄂᆞᆫ 贈貢國이라. 此二者의 權利ᄂᆞᆫ 其主權의 獲保ᄒᆞᆫ 分度ᄅᆞᆯ 由ᄒᆞᄂᆞᆫ 故로 獨立主權國의 享有ᄒᆞᆫ 權利ᄅᆞᆯ 實施ᄒᆞ야 修好航海及通商諸約을 自決ᄒᆞᆫ 則受護及贈貢ᄒᆞᄂᆞᆫ 關係로ᄂᆞᆫ 其主權及獨立權이 毫末의 減損도 無ᄒᆞ니. 此ᄂᆞᆫ 公法의 確斷善裁ᄒᆞᆫ 規範으로 主權國의 軆制及責任의 論辨ᄒᆞᆫ 句語ᄅᆞᆯ 遵ᄒᆞ야 其現實의 景像을 明定ᄒᆞᆷ이 可ᄒᆞᆫ지라. 古今의 公法諸大家가 曰호ᄃᆡ 如何ᄒᆞᆫ 邦國과 人民이든지 其國憲의 軆制及品例의 如何ᄒᆞᆷ을 不關ᄒᆞ고 其國을 自管ᄒᆞᄂᆞᆫ 者ᄂᆞᆫ 主權獨立國이니 主權은 一國을 管制ᄒᆞᄂᆞᆫ 最大權이라. 内外에 實施ᄒᆞᆷ을 得ᄒᆞ야 内施ᄒᆞᄂᆞᆫ 主權은 其國의 大法과 原理ᄅᆞᆯ 由ᄒᆞ야 人民에게 附傳ᄒᆞ며 又主治者에게 委授ᄒᆞ고 外施ᄒᆞᄂᆞᆫ 主權은 一國政治의 獨立이 各國의 政治ᄅᆞᆯ 相對ᄒᆞ고 此ᄅᆞᆯ 因ᄒᆞ야 和戰間에 其交涉ᄒᆞᄂᆞᆫ 關係ᄅᆞᆯ 保執ᄒᆞᄂᆞᆫ 者라ᄒᆞ니. 大槩外治와 内交ᄅᆞᆯ 自主ᄒᆞ고 外國의 指揮ᄅᆞᆯ 不受ᄒᆞᄂᆞᆫ 者ᄂᆞᆫ 正當ᄒᆞᆫ 獨立國이라. 主權國의 列에 不寘ᄒᆞ면 不可ᄒᆞ니. 其獨立主權의 明確ᄒᆞᆫ 證據ᄂᆞᆫ 他主權獨立國과 同等의

修好通商諸約을 議定홈이며 使臣을 派聘홈과 延受홈이며 和親交戰의 宣告를 自行홈이니 此는 主權에 附着ᄒᆞᄂᆞᆫ 適合ᄒᆞᆫ 權利라. 一國이 此를 獲存ᄒᆞᆫ 時ᄂᆞᆫ 獨立國의 一座를 占居ᄒᆞ고 不存ᄒᆞᆫ 者ᄂᆞᆫ 其約章의 關係를 遵照ᄒᆞ야 半獨立國或屬國의 列에 歸홈이라.

五

設或弱小國이 急迫ᄒᆞᆫ 境遇를 當ᄒᆞ야 其內外事務에 有時他國의 命令을 服從ᄒᆞ며 權力을 許行ᄒᆞ야도 其主權은 毁傷을 不受ᄒᆞᄂᆞ니. 如此ᄒᆞᆫ 情形으로ᄂᆞᆫ 他國의 干涉을 由ᄒᆞ야 一時의 正當ᄒᆞᆫ 動撼이 有홀ᄯᆞ름이라. 近世의 公法學士가 云호ᄃᆡ

弱小國이 其獨立을 保存홈은 強大國의 意旨를 願望ᄒᆞ야 其蠶食ᄒᆞᄂᆞᆫ 侵伐을 恐懼ᄒᆞᄂᆞᆫ 者라. 是를 恐懼ᄒᆞᄂᆞᆫ 故로 其明言或暗指ᄒᆞᄂᆞᆫ 有時命令을 服從ᄒᆞ나 然ᄒᆞ나 其命令과 服從가 稀濶ᄒᆞᆫ 者니 此를 由ᄒᆞ야 強大國이 弱小國을 統括ᄒᆞᄂᆞᆫ 權力도 不生ᄒᆞ고 弱小國이 強大國에 附屬ᄒᆞᄂᆞᆫ 關係도 不起ᄒᆞᄂᆞᆫ지라. 又此命令홈과 服從홈은 姑舍ᄒᆞ고 強大國은 恒常尊重ᄒᆞ며 弱小國은 恒常卑亞ᄒᆞ야도 弱小國이 亦一獨立主權이 政治라. 強大國이 統括權의 執有홈이 不能ᄒᆞ야 弱小國에 命令ᄒᆞᄂᆞᆫ 正例도 無ᄒᆞ고 又服從ᄒᆞᄂᆞᆫ 正例도 無ᄒᆞᆫ 則弱小國이 雖其獨立을 保守ᄒᆞ기와 防備ᄒᆞ기에 不能ᄒᆞ야도 事實과 習慣으로 強大國에 附屬홈이 無ᄒᆞ다ᄒᆞ니

六

此로 由ᄒᆞ야 觀ᄒᆞ건ᄃᆡ 權利ᄂᆞᆫ 天然ᄒᆞᆫ 正理며 形勢ᄂᆞᆫ 人爲ᄒᆞᆫ 剛力이라. 弱小國이 元來強大國을 向ᄒᆞ야 恣橫ᄒᆞᄂᆞᆫ 剛力이 無ᄒᆞ고 但其自有ᄒᆞᄂᆞᆫ 權利를 保守ᄒᆞ기에 不暇ᄒᆞᆫ 則強大國이 自己의 裕足ᄒᆞᆫ 形勢를 擅用ᄒᆞ야 弱小國의 適當ᄒᆞᆫ 正理를 侵奪홈은 不

義ᄒᆫ 暴擧며 無道ᄒᆫ 惡習이니 公法의 不許ᄒᆞᄂᆫ 者라.

【注釈】

(ᄒᆞ)-야
(ᄒᆞ)-ᄂᆞ니
(ᄒᆞ)-건ᄃᆡ
-ㄴ지라
-ㅁ이오
-ㅁ이라
伸枉　まげのばし
互饒　互いに裕福になる
勸和　和平をすすめる
專斷　自分の意志でとりきめる
答搶　こたえることと拒否すること
揷理　介入する
寘　おく、いれる
動撼 ふりまわす
稀濶　きわめてまれだ
姑舍 →고사하다
卑亞 いやしくみにくい
- 다ᄒᆞ니

【参考文献】

李漢燮編著（2000）『西遊見聞（全文）』　図書出版박이정
蔡壎譯(2003)『韓国古典文學思想名著体系29　西遊見聞』明文堂
허경진 옮김(2004)『서유견문 -조선 지식인 유길준, 서양을 번역하다 』 서해문집
박준형(2008)『1890년대 후반 한국 언론의 「自主獨立」과 한청관계의 재정립』 韓國史論 54집

第11課　独立新聞

【資料解説】

独立新聞は、1896年4月に徐載弼によって創刊された、朝鮮初の純ハングル新聞である。

甲申政変後、閔氏政権は、それまで政権を支えてきた重臣らと開化派双方を失ったが、開化政策を継続していた。しかし1894年2月、甲午農民戦争が本格化した際、出兵してきた日本軍の景福宮占領によって閔氏政権は崩壊、金弘集を首班とする政府による甲午改革が進められることとなった。一方、日本軍はそのまま朝鮮半島において日清戦争を開始したが、戦争終結後も、朝鮮政府内にロシアの影響力が強まることを憂慮した日本公使三浦梧楼が中心となって、1895年10月、王后閔氏を殺害するという暴挙を起こした。各地で義兵が起こり、金弘集政権に対する批判が強まる中、1896年2月、国王高宗がロシア公使館に移御し、金弘集政権は崩壊、朴定陽政権が成立した。

これより先、徐載弼は、甲申政変後、日本を経てアメリカに亡命していたが、1895年12月に帰国した。帰国後の徐載弼は金弘集政権の支援を得て、民衆の啓蒙に不可欠であると考えた新聞の発刊を企画、前課で取りあげた兪吉濬とともに準備を進めていた。金弘集政権の崩壊に際し、兪吉濬も日本へ亡命したが、新聞の必要性は支配層に広く認識されており、徐載弼は、開化派系のみならず朴定陽政権からも支援を得ることができ、1896年4月の創刊にこぎつけたのであった。

当初から、独立新聞には民衆を啓蒙する論説が多く掲載されていた。しかし次第に、政府が従来の改革に逆行する政策をとるようになると、政治的な性格を帯びてくる。1896年7月、安駉壽ら開化派系の高級官僚が中心となり、独立の確保と内政改革の推進を主張する独立協会を結成すると、徐載弼は独立協会の顧問となり、独立新聞も独立協会の機関誌としての役割を果たすようになった。

一方、1897年2月にロシア公使館から還宮した高宗は、同年10月に国号を「大韓」と改め、皇帝に即位し、大韓帝国が成立した。このような中、独立協会は、当初、独立門の建設や、討論会活動といった啓蒙活動を行っていたが、次第に政府内にロシアの影響が強まるや、反露闘争を展開し、万民共同会の開催などで世論を盛り上げ、一定の成果を収めた。しかしこのために1898年5月、徐載弼はアメリカに帰国させられ、独立新聞の主筆は尹致昊に交代した。

反露闘争以後の独立協会は、政治結社としての性格を強め、国政改革運動を積極的に展開、中枢院の議員50名中半数を独立協会の会員から投票選挙によって選出する改編案を政府に提出し、1898年10月、官民共同会を開催してこれを認めさせるに至った。ところが翌11月、独立協会が共和制の樹立を謀っているとする誣告事件をきっかけに、高宗皇帝は独立協会の解散を命ずる詔勅を下した。独立新聞は、独立協会解散後も刊行を続けたが、1899年12月、資金不足を理由に廃刊した。

独立協会の運動は、今日でも朝鮮初の大衆的改革運動として評価されているだけに、民衆啓蒙の論陣を張った独立新聞の果たした役割は大きいと言える。国家の自主独立、民権の確立など、その論点は多岐に渡ったが、その「近代性」は様々な側面を併せ持っていた。本課では、平等の精神が色濃く打ち出されている創刊号の論説と、一方で社会進化論的な優勝劣敗思想があからさまに示されている1898年8月31日号の論説を取りあげた。

(1)

【本文】
건양 원년 ᄉᆞ월 초칠일 금요일
논셜

우리가 독닙신문을 오ᄂᆞᆯ 처음으로 츌판ᄒᆞᄂᆞᆫᄃᆡ 조션속에 잇ᄂᆞᆫ
ᄂᆡ외국 인민의게 우리 쥬의를 미리 말ᄉᆞᆷᄒᆞ여 아시게 ᄒᆞ노라
우리는 첫ᄌᆡ 편벽되지 아니ᄒᆞ고로 무ᄉᆞᆷ 당에도 상관이 업고 샹
하귀쳔을 달니 ᄃᆡ졉 아니ᄒᆞ고 모도죠션 사ᄅᆞᆷ으로만 알고 죠션
만 위ᄒᆞ며공평이 인민의게 말 ᄒᆞᆯ터인ᄃᆡ 우리가 셔울 ᄇᆡᆨ셩만 위
ᄒᆞᆯ게 아니라 죠션 전국인민을 위ᄒᆞ여 무ᄉᆞᆷ일이든지 ᄃᆡ언ᄒᆞ여
주랴ᄒᆞᆷ
정부에셔 ᄒᆞ시ᄂᆞᆫ일을 ᄇᆡᆨ셩의게 젼ᄒᆞᆯ터이요 ᄇᆡᆨ셩의 정셰을 정부
에 젼ᄒᆞᆯ터이니 만일 ᄇᆡᆨ셩이 정부일을 자세이알고 정부에셔 ᄇᆡᆨ
셩에 일을 자세이 아시면 피ᄎᆞ에 유익ᄒᆞᆫ 일만히 잇슬터이요
불평ᄒᆞᆫ ᄆᆞ음과 의심ᄒᆞᄂᆞᆫ ᄉᆡᆼ각이 업서질 터이옴
우리가 이신문 츌판 ᄒᆞ기ᄂᆞᆫ 취리ᄒᆞ랴ᄂᆞᆫ게 아닌고로 갑슬 헐허
도록 ᄒᆞ엿고 모도 언문으로 쓰기ᄂᆞᆫ 남녀 샹하귀쳔이 모도 보게
ᄒᆞᆷ이요
ᄯᅩ 귀졀을 ᄯᅦ여 쓰기ᄂᆞᆫ 알어 보기 쉽도록 ᄒᆞᆷ이라
우리ᄂᆞᆫ 바른 ᄃᆡ로만 신문을 ᄒᆞᆯ터인고로 정부 관원이라도 잘못
ᄒᆞᄂᆞᆫ이 잇스면 우리가 말ᄒᆞᆯ터이요
탐관오리 들을 알면 세상에 그사ᄅᆞᆷ의 ᄒᆡᆼ적을 폐일터이요
ᄉᆞᄉᆞᄇᆡᆨ셩이라도 무법ᄒᆞᆫ일ᄒᆞᄂᆞᆫ 사ᄅᆞᆷ은 우리가 차저 신문에 셜명
ᄒᆞᆯ터이옴 우리ᄂᆞᆫ 죠션
대군쥬폐하와 됴션정부와 죠션인민을 위ᄒᆞᄂᆞᆫ 사ᄅᆞᆷ드린고로 편
당잇ᄂᆞᆫ 의논이든지 ᄒᆞᆫ쪽만 ᄉᆡᆼ각코 ᄒᆞᄂᆞᆫ 말은 우리 신문샹에 업
실터이옴
ᄯᅩ ᄒᆞᆫ쪽에 영문으로 기록ᄒᆞ기ᄂᆞᆫ 외국인민이 죠션 ᄉᆞ정을 자세
이 몰은즉 혹 편벽 된 말만 듯고 죠션을 잘못 ᄉᆡᆼ각ᄒᆞᆯᄭᅡ 보아
실샹 ᄉᆞ정을 알게 ᄒᆞ고져ᄒᆞ여 영문으로 조곰 긔록ᄒᆞᆷ
그리ᄒᆞᆫ즉 이신문은 ᄯᅩᆨ 죠션만 위ᄒᆞᆷ을 가히 알터이요 이신문을

인연ᄒᆞ여 ᄂᆡ외 남녀 샹하 귀쳔이 모도 죠션일을 서로알터이옴 우리가 쏘 외국 사정도 죠션 인민을 위ᄒᆞ여 간간이 긔록ᄒᆞᆯ터이니 그걸 인연ᄒᆞ여 외국은 가지 못ᄒᆞ드ᄅᆡ도 죠션인민이 외국 사졍도 알터이옴 오날은 처음인 고로 대강 우리 쥬의만 셰샹에 고ᄒᆞ고 우리신문을 보면 죠션인민이 소견과 지혜가 진보홈을 밋노라 논셜끗치기젼에 우리가
대균쥬 폐하께 송덕ᄒᆞ고 만세을 부르ᄂᆞ이다

【注 釈】

건양 원년　建陽元年
말솜　말씀
-노라
첫지　첫째
-고로
무솜　무슨
의게　에게
뎌언　제언
주랴홈　주려고 한다
일만히　일이 많이
취리 取利
갑슬　값을
쏘　또
잘못ᄒᆞᄂᆞᆫ이 잇스면　잘 못하는 이가 있으면
차저　찾아
몰은즉　모른 즉
-ᄂᆞ이다

(2)

【本文】
광무 이년 팔월 삼십일일 슈요일
몰나요씨의 의견
몰나요라 ᄒᆞᄂᆞᆫ 사름이 본샤에 편지 ᄒᆞ고 의견을 여러 마듸 지여보ᄂᆡ엿기에 몃 마듸를 쏍아셔 좌에 긔직 ᄒᆞ노라
하늘이 물건을 문들 ᄯᅢ에 다 쓸듸가 잇도록 ᄒᆞ시고 물건을 쓸

일은 사름의게 맛기엿스니 금강셕 ᄀᆞᆺ흔 보빅와 금 은 동 쳘 ᄀᆞᆺ치 유익흔 물건이라도 쓰는 사름이 업스면 무용지물이라 무엇이던지 필경 쓸줄 아는 사름의게 도라가는것은 텬리와 인ᄉᆞ에 젹당 흔지라 나도 쓰지 못 ᄒᆞ고 남도 쓰지 못 ᄒᆞ게 ᄒᆞ면 이는 포진 텬물이라 경계 업는 일노 아노라

셔양 이약이에 심쉴 사나온 ᄀᆡ 흔 머리가 의양간에 들어가 누어셔 쇼가 들어 가랴 ᄒᆞ면 짓고 물고 흠이 쇼가 말 ᄒᆞ되 너는 외양간에 잇셔도 여물도 못 먹으면셔 너도 못 먹고 남도 못 먹게 ᄒᆞ니 무슴 심술이냐 ᄒᆞ엿다 ᄒᆞ니 이 ᄀᆡ는 포진 텬물 ᄒᆞ는 사름의게 비유 흠이라 이ᄀᆡ 노릇들 ᄒᆞ는 사름들이 셰상에 넘어 만토다

아비리가는 유명히 부흔 디방이라 보빅로은 수림과 찬란흔 금강셕과 그 외 다른 보셕과 샹아와 금 은이 부지기슈로 들어 싸이엿것만은 아비리가 토죵들이 이 죠흔 디방을 몃 쳔년을 가지고 잇스면셔 보빅를 보빅로 쓸줄 몰으고 금 덩이를 손에다 쥐고 굴머 죽는 쟈가 만앗스니 차쇼위 포진 텬물이라 맛츰ᄂᆡ 하늘이 그 토죵의 완악 흠을 미워 ᄒᆞ샤 구쥬 각국 사름들이 근년에 아비라가쥬를 난호아 가지고 몃 만년 익울히 뭇쳐잇던 보빅를 파 ᄂᆡ여 셰계에 유용흔 물건을 문드니 텬노가 무심치 아니흠을 가지로다

북 아미라가는 토옥 ᄒᆞ고 각식 텬죠물의 부요 흠과 강산의 웅장ᄒᆞ고 수려 흠이 셰계에 둘지 아니 가거늘 인뎐이라 ᄒᆞ는 토죵들이 몃 쳔년을 맛ᄒᆞ 가지고 잇서셔 이 죠흔 강산을 무용지디를 문들고 야만의 풍쇽을 죵시 곳치지 아니 ᄒᆞ더니 맛츰ᄂᆡ 영국 인죵이 ᄯᅡ이 된후 셰계에 뎨일 부강흔 나라이 되니 인뎐의 포진 텬물 ᄒᆞ던 죄악을 하늘이 벌 주신 일을 ᄭᆡ닷지 못 ᄒᆞ는 사름들은 과연 어리셕도다

인도국은 부요 ᄒᆞ기로 셰계에 유명ᄒᆞ며 인구가 여러 억만명으로셔 인민의 등분을 난호와셔 ᄀᆞᆺᄒᆞᆫ 인죵ᄭᅵ리 셔로 시긔 ᄒᆞ고 셔로 싸화셔 빈약 ᄒᆞ게 되야 그 부요ᄒᆞᆫ 셰계에 ᄉᆡᆼ명과 ᄌᆡ산이 편안치 못ᄒᆞ야 포진 텬물 ᄒᆞ더니 ᄆᆞᆺᄎᆞᆷᄂᆡ 영국에 속국이 되엿스니 하ᄂᆞᆯ이 주신 것을 쓰지 못 ᄒᆞᄂᆞᆫ 사ᄅᆞᆷ은 필경 남의게 ᄲᅢᆺ기ᄂᆞᆫ 것이 ᄯᅥᆺᄯᅥᆺᄒᆞᆫ 일이라 누가 이샹타 ᄒᆞ리요

지금 대한 텬디를 보면 나라ᄂᆞᆫ 크지 못 ᄒᆞ나 강산의 슈려ᄒᆞᆷ과 토디의 부옥 ᄒᆞᆷ과 각광의 풍부 ᄒᆞᆷ이 과연 동방에 긔이ᄒᆞᆫ 나라여ᄂᆞᆯ 산에 죠ᄒᆞᆫ 나무를 ᄶᅡᆨ가ᄂᆞᆫ 쓰되 ᄒᆞᆫᄀᆡ도 기르지ᄂᆞᆫ 아니 ᄒᆞ며 금 은 동 쳘 광은 잇스나 잘 파셔 ᄇᆡᆨ셩의게 유익 ᄒᆞ게ᄂᆞᆫ 안코 도적놈 ᄀᆞᆺᄒᆞᆫ 금광 춍독과 파원을 ᄂᆡ여 광 잇ᄂᆞᆫ 곳마다 ᄇᆡᆨ셩이 류리 ᄀᆡ걸 ᄒᆞ게 ᄆᆞᆫ들고 다른 사ᄅᆞᆷ은 션경 ᄀᆞᆺ치 숢이고 사ᄂᆞᆫ 곳을 대한 사ᄅᆞᆷ은 뒤간ᄀᆞᆺ치 ᄆᆞᆫ들고 살며 무숨 일을 보던지 무비 포진 텬물이라 죠곰이라도 위국 ᄒᆞᄂᆞᆫ ᄆᆞ음 잇ᄂᆞᆫ 사ᄅᆞᆷ은 통탄 ᄒᆞ야 침식이 달지 아니 ᄒᆞ것만은 ᄇᆡᆨ셩을 보호 ᄒᆞ고

황실을 유지 ᄒᆞᄂᆞᆫ 즁임을 맛ᄒᆞᆫ 여러 분들은 밤낫 졍부에셔 벼슬 진퇴에 분쥬 ᄒᆞ야 대신 협판이 죠변셕ᄀᆡ ᄒᆞ야 안으로ᄂᆞᆫ ᄂᆡ졍이 어지럽고 밧그로ᄂᆞᆫ 외교에 실신ᄆᆞᆫ ᄒᆞ니 엇지 ᄒᆞ야 이 ᄀᆞᆺ치 잠을 아니ᄊᆡᄂᆞᆫ지 통곡 ᄒᆞ여도 시원치 안토다

【注 釈】

광무　光武
몰나요씨　몰라요씨　尹致昊のペンネームである
긔ᄌᆡ　기재
ᄀᆞᆺᄒᆞᆫ　같은
무용지물 無用之物
텬리　천리
포진텬물 暴殄天物
의양간
ᄒᆞᆷᄋᆡ　함에
여물
넘어　너무
만토다　많도다
부지기슈　부지기수

것만은　-건마는	-도다
죠흔　좋은	싸화셔　싸워서
맛춤늬　마침내	-리요
난호아　나누어	-여늘
텬노　천노	파원
-거늘	류리기걸　류리개걸
인뎐	죠변셕기　조변석개
짜　땅	

【参考文献】

독립신문 영인간행회 (1991) 『독립신문』 甲乙出版社 제1권, 제4권

권태억, 류승렬, 정연태, 도면회, 전우용 (1994) 『자료모음 근현대 한국 탐사』 pp.86-90

第12課　초등대한력ᄉ

【資料解説】

『초등대한력ᄉ』は、1908年9月に刊行された、조종만編纂の初等学校用国史教科書である。

甲午改革時、学校教育制度の導入が開始され、初等教育について言えば、1895年「小学校令」の公布を受けて、満8歳から15歳の児童を対象に基礎的な知識、技術を教育することを目的とする小学校が設立されることとなった。このとき小学校で使用する教科書は、全て学部で作成した官撰教科書を用いることとされていた。

独立協会解散後の1899年8月、高宗皇帝は「大韓国国制」を頒布し、皇帝専制を強化する中で、富国強兵を実現し、自主独立を維持しようとする政策を展開した（光武改革）。軍制改革や量田の実施による財政拡充政策、産業の育成と合わせて、教育の充実に力が入れられたことは、その特徴の一つである。初等教育制度に大きな変化はなかったが、高等教育の拡充がはかられ、各種の専門学校が設立された。

しかし、1904年2月に日露戦争が勃発すると、日本は大韓帝国の中立宣言を無視し、日韓議定書によって戦争への協力を強制した。この戦争の最中、1904年8月に調印されたのが第一次日韓協約で、これによって韓国政府は日本人財務顧問、日本が推薦する外国人外務顧問を雇用することとなった。さらに1905年9月に日露講和条約を締結した直後の11月、日本の韓国駐箚軍が駐屯を続ける中で、第二次日韓協約が調印された（乙巳条約）。これによって大韓帝国は日本の保護国となった。日本の代表者である統監が外交、内政を管理することとなったのである。高宗皇帝はこの条約の不法性を国際社会に訴えようと、1907年6月、オランダのハーグで開催されていた第二回万国平和会議に密使を派遣したが、訴えは受け付けられなかった。のみならず統監伊藤博文に責任を追及され、7月、強制退位に追い込まれた。このような状況で調印されたのが第三次日韓協約で、これによって韓国政府の官吏にまで日本人が任命されるようになると同時に、密約によって韓国軍隊の解散も定められた。

『초등대한력ᄉᆞ』が刊行された1908年という時期の大韓帝国は、このような状況にあった。1905年から私撰教科書も登場していたが、統監府は教科書統制政策を実施し、全ての教科書に学部の検認定を受けることを義務づけた。『초등대한력ᄉᆞ』もこの検認定を受けたものである。

『초등대한력ᄉᆞ』は、1908年4月に国漢文表記で刊行された、柳瑾著、安鍾和・張志淵校正『初等本国歴史』のハングル版である。1910年まで、20種類あまりの教科書が編纂されたとされているが、ほとんどは国漢文であり、純ハングル表記は稀である。編者の조종만は、農商工部参書官、中枢院議員などを歴任した人物らしいが、当時は出版社である漢陽書館の経営者であった。本科では、『초등대한력ᄉᆞ』オリジナルであり、ハングル表記の必要性を力説した「序文」、国の成り立ちを説明した「檀君」、豊臣秀吉の朝鮮侵略を記述した「本朝十三」、激動の高宗時代が簡略極まりなく記されている「本朝二十五」を取りあげた。

(1)

【本文】

오호라, 력ᄉᆞᄂᆞᆫ 국가와 인민간에 정치득실과 풍쇽 션악을 긔술ᄒᆞ야 력ᄃᆡᄉᆞ긔의 일부를 편셩ᄒᆞᆷ이니 그의가 크도다

우리나라 션현이 동국통감과 력ᄉᆞ등을 져작ᄒᆞᆫ지 만흐나 다만 한문으로 편찬ᄒᆞ얏ᄂᆞᆫ고로 샹듕등사회ᄂᆞᆫ 효ᄒᆡᄒᆞᆷ이 쉬으려니와 녀ᄌᆞ와 하등인은 독습키어려온즉 지식발달과 보통ᄀᆡ명ᄒᆞᆷ은 가론치 못ᄒᆞᆯ지라.

텬하의 문명국민은 ᄌᆞ국문ᄌᆞ로 독립ᄀᆡ본을 삼아 ᄌᆞ쥬의국이라 ᄌᆞ유의민이라ᄒᆞ야 셰계에 샹등국민을 표시ᄒᆞᄂᆞ니 오ᄌᆞᆨ분국은 단군ᄉᆞ쳔년 신셩ᄒᆞᆫ나라오

본죠오ᄇᆡᆨ년도덕의 교화에 훈목ᄒᆞᆫ 민족으로 침륜ᄒᆞᆯ지경에이ᄅᆞ니 이ᄂᆞᆫ지ᄉᆞ의 장ᄐᆡᆨ식ᄒᆞᆯᄇᆡ라

오흡다세종죠ᄭᅴ셔 훈민졍음을 창죠ᄒᆞ샤 ᄇᆡᆨ셰문명을 계발ᄒᆞ신지 누ᄇᆡᆨ년에 오히려 발젼치못ᄒᆞ므로 일반인민이 본국ᄉᆞᄀᆡ를 망ᄆᆡᄒᆞ야 국민의 ᄌᆞ격을 포기ᄒᆞ얏시니 엇지 국톄와 민명을 유지ᄒᆞ리오

이에 본국의 국문으로 력ᄉᆞ를 간요히 편즙ᄒᆞ야 국ᄂᆡ에 발ᄒᆡᆼ권려ᄒᆞ노니 원컨ᄃᆡ 이쳔만형뎨ᄌᆞᄆᆡᄂᆞᆫ 열심 관람ᄒᆞ야 만억년 국민ᄀᆡ쵸를 독립공고ᄒᆞᆷ의 목뎍에 달ᄒᆞᆯ지어다. 오호라

융희이년칠월한양셔관쥬인셔

【注 釈】

ᄉᆞᄀᆡ 사기
동국통감[固]
효히 曉解
가론치 가히 론하지
분국 본국
단군[人]
신셩 신성
본죠 本朝
훈목 薰沐
침륜 沈淪
지ᄉᆞ 志士
오흡다
계발 啓發
누ᄇᆡᆨ년
국톄 국체
민명 民命
편즙 편집
융희 隆熙

(2)

【本文】
뎨일장 샹고
뎨일졀 단군
ᄃᆡ한륭희원년 졍미븟허 ᄉᆞ쳔이ᄇᆡᆨᄉᆞ십년젼에 신셩ᄒᆞ신 ᄉᆞᄅᆞᆷ이 ᄐᆡᄇᆡᆨ산단목아ᄅᆡ에 나리신ᄃᆡ 나라ᄉᆞᄅᆞᆷ이 셰워 인군을 삼으니 이ㅣ 단군이 되시니라
원년무진에 나라일홈을 조션이라 ᄒᆞ고 ᄇᆡᆨ셩을 가라쳐 터럭을 역고 머리를 덥흐며 음식과 거쳐의 졔도를 졍ᄒᆞ다
ᄐᆡᄌᆞ부루를 도산에 보ᄂᆡ야 지나하우시만국회에 ᄎᆞᆷ예ᄒᆞ다
쳐음에ᄂᆞᆫ 평양에 도읍ᄒᆞ얏다가 후에 ᄇᆡᆨ악 (문화구 월산) 으로 도읍을 옴기니라
단군의 ᄌᆞ손이 인군의 위를 셔ᄅᆞ 젼ᄒᆞᆫ지 일쳔이ᄇᆡᆨ여년에 나라를 북부여로 옴겻다가 고구려에게 아오른바ㅣ되니라

【注釈】

졍미　丁未
븟허　부터
ᄐᆡᄇᆡᆨ산[固]
단목
무진　戊辰
터럭
부루[人]
도산[固]
지나　支那
하우시　夏禹氏
만국회　萬國會
ᄇᆡᆨ악[固]

(3)

【本文】
뎨 십ᄉᆞᆷ졀 본조십ᄉᆞᆷ

션조임진에 일본국의 관ᄇᆡᆨ평슈길이 명나라를 친다 자칭ᄒᆞ고 길빌기를 청ᄒᆞ거늘 조졍이 허락지 아니ᄒᆞ얏더니 슈길이 큰군ᄉᆞ를 들어 와셔 도적홀식 동ᄅᆡ를 몬져 함ᄒᆞ니 쳠ᄉᆞ졍발과 부ᄉᆞ송샹현등이 국난에 쥭고 리일과 신립등이 ᄎᆞ졔로 싸호다 픠흠ᄋᆡ 일병이 경셩으로 곳향ᄒᆞ니라
샹이 셔으로 파천ᄒᆞ신ᄃᆡ 일병이 쪼쳐이ᄅᆞ러 평양에 웅거ᄒᆞ거늘 샹이 의쥬에 쥬필ᄒᆞ샤 졍곤슈와 리덕형등을 명ᄂᆞ라에 보ᄂᆡ야 구원병을 청ᄒᆞᆫᄃᆡ 명ᄂᆞ라 졔독리여송등이 슈륙군 이십여만을 거ᄂᆞ리고 와셔 구원ᄒᆞ니라
각도에셔 츙의 션비가 의긔를 들어 군ᄉᆞ를 모ᄒᆞ니 죠흔과 고경명과 김쳔일은 호남에셔 일어나고 곽ᄌᆡ우와 졍인홍과 김면과 권응슈ᄂᆞᆫ 령남에셔 일어나고 권률은 힝쥬에셔 ᄃᆡ쳡ᄒᆞ고 리졍암은 ᄒᆡ셔에셔 막어싸호고 리슌신은 한산도 압바다에셔 크게싸와 일본의 슈군을 함몰ᄒᆞ니 일본장슈 청졍과 슈가등이 경셩과 평양을 바리고 동으로 다러나더니 명년에 다시 군ᄉᆞ를 크게 들어 진쥬셩을 함ᄒᆞ니 고죵후 김쳔일 류복립 황셥등이 싸호다가 쥭다
뎡유에 청졍등이 군ᄉᆞ를 두 번ᄌᆡ 들어 와셔 도적홀식 직산쇼사평에 이ᄅᆞ다가 명나라 구원장양호에게 크게 픠ᄒᆞ야 군ᄉᆞ를 것어 도라가니 이ᄂᆞᆫ 임진후 팔년병화ㅣ니라

【注 釈】

션조　선조
임진　壬辰
관ᄇᆡᆨ평슈길　関白平秀吉
-ᄅᆞ식
동ᄅᆡ[地] 동래
쳠ᄉᆞ[官] 첨사
졍발[人] 정발
부ᄉᆞ[官] 부사
송샹현[人] 송상헌
리일[人]

신립[人] ᄒᆡᆼ쥬[地] 행주
경셩[地] 경성 ᄃᆡ쳡 대첩
샹 上 리졍암[人]
의쥬[地] 의주 ᄒᆡ셔[地]
쥬필 駐蹕 리슌신[人]
졍곤슈[人] 정곤수 한산도[地]
리덕형[人] 쳥졍[人] 淸正
리여송[人] 슈가[人] 秀家
죠흔[人] 조헌 진쥬셩[地]
고경명[人] 고죵후[人]
김쳔일[人] 류복립[人]
곽ᄌᆡ우[人] 곽재우 황셤[人] 황섬
졍인홍[人] 뎡유 丁酉
김면[人] 직산[地]
권응슈[人] 쇼사평[地]
권률[人] 양호[人]

(4)

【本文】

뎨 이십오졀 본조이십오

슈강ᄐᆡ황뎨ᄭᅴ셔 위에나아가신지 ᄉᆞᆷ년에 불란셔국병함이 강화도에 와셔 엄습ᄒᆞ거ᄂᆞᆯ 슌무쳔총량흔슈를 보ᄂᆡ야 강계포군 오쳔명을 거ᄂᆞ리고 쳐셔 ᄭᆡ치니 불병의 죽고 샹ᄒᆞᆷ이 만ᄒᆞᆫ지라 불장이 크게 두려워ᄒᆞ야 돗ᄃᆡ를 날녀 다라나니라

미국병함 다ᄉᆞᆺ쳑이 덕진에 와셔 침노ᄒᆞ거ᄂᆞᆯ 슌무듕군어ᄌᆡ연을 명ᄒᆞ야 광셩진에 나아가 진쳐셔 마자쳐 크게 ᄭᆡ치고 ᄯᅩ ᄃᆡ포로 그ᄇᆡ둘을 ᄭᆡ친ᄃᆡ 미장노젹슈가 ᄭᅬ베플바를 아지못ᄒᆞ더니 이에 군ᄉᆞ를 륙디에 감아니나려 우리 진뒤로 조차 나ᄅᆡᄒᆞ야 치니 ᄌᆡ

연이 그아오ᄌᆡ슌으로 더부러 칼을 ᄲᆡ여 슈십인을 쳐셔버히고 쥭으니 미장이 나머지 물이를 거ᄂᆞ리고 도망ᄒᆞ야가니라
일본이 젼권ᄃᆡ신 흑젼쳥융과 의관졍샹형등을 보ᄂᆡ야 국셔를 와셔 밧치고 화호ᄒᆞ기를 쳥ᄒᆞᆫᄃᆡ　샹이 즁츄부ᄉᆞ신ᄒᆞᆫ과 부춍관윤자승등을 명ᄒᆞ샤 강화부에 회동ᄒᆞ야 통샹조약을 졍ᄒᆞ고 그후에 미국과 영국과 법국과 덕국과 아국과 쳥국과 의국이 ᄎᆞ데로 와셔 화를 및고 통샹조약을 졍ᄒᆞ니라
훈영병이 란을 지어 일본교샤 굴본례죠를 질너 쥭이고 권ᄂᆡ로 어즈러이 드러가셔 즁신김보현등을 쥭이고 칼노기동을 쳐셔 악흠을 베픔이 극ᄒᆞ거늘 국ᄐᆡ공이 변을 듯고 달녀드러가셔 쇼란을 진압ᄒᆞ시니라
동학당이 일어나셔 란을 지으니 ᄉᆞ방이 향응ᄒᆞ야 벌ᄀᆞᆺᄒᆞᆫ 형세가 잇거늘 관군이 ᄉᆞ도로나아가셔 여러달만에 토평ᄒᆞ니라
ᄀᆡ국 오ᄇᆡᆨ륙년에　샹이 황뎨위호를 밧으샤 국호를 곳쳐 ᄃᆡ한이라ᄒᆞ시며 년호를 광무라ᄒᆞ시며 팔도를 십삼도로 분치ᄒᆞ시다 광무십일년에　황뎨씌셔 위를　황ᄐᆡᄌᆞ씌 젼ᄒᆞ시니 ᄐᆡᄌᆞㅣ 황뎨위에 나아가샤 원년을 곳쳐 융희라ᄒᆞ시고　샹황의 위호를 놉혀 슈강ᄐᆡ황뎨라 ᄒᆞ시고 뎨영친왕을 봉ᄒᆞ야 황ᄐᆡᄌᆞ를 삼으시고 일본국에 보ᄂᆡ야 류학케ᄒᆞ시다

【注 釈】

슈강ᄐᆡ황뎨[人]　壽康太皇帝
슌무쳔춍[官] 순무천총
량ᄒᆞᆫ슈[人] 양헌수
강계포군　江界砲軍
덕진[地]
슌무듕군[官]　순무중군
어ᄌᆡ연[人]
광셩진[地]
노젹슈[人]
오ᄌᆡ슌[人]

전권딕신[官]　전권대신
흑젼청융[人]　黒田清隆
의관[官] 議官
정샹형[人] 井上馨
즁츄부亽[官] 중추부사
신흔[人]
부춍관[官] 副摠管
윤자승[人]
훈영　訓營
굴본례죠[人] 堀本礼三
궐닉 궐내 闕內
김보현[人]
국틱공　国太皇
동학당 東学党

【参考文献】

白淳在編　(1977)『韓国開化期教科書叢書　國史篇20』亞細亞文化社
이화여자대학교 한국문화연구원 해제번역총서
강영심 역 (2011)『근대　역사교과서 4 』소명출판

編著者

小西 敏夫（こにし　としお）

第 1 課～第 4 課担当
ソウル大学人文大学院国語国文学科博士課程修了（朝鮮語学）
大阪大学大学院言語文化研究科准教授・同外国語学部朝鮮語専攻専任教員
主な著書：
「＜月印釈譜　第二十三・目連伝＞의 텍스트 언어학적 분석」
「＜月印釈譜　第二十三・目連伝＞のテクスト言語学的分析」，国語研究 107，（ソウル）ソウル大学大学院国語学研究室，1992 年
「言語表現에 있어서의 月印千江之曲과 釈譜詳節의 관계－＜目連伝＞의 경우」
「言語表現における月印千江之曲と釈譜詳節の関係－＜目連伝＞の場合」，国語学論集 1，（ソウル）泰東，1992 年

岸田 文隆（きしだ　ふみたか）

第 5 課～第 8 課担当
京都大学大学院文学研究科博士課程単位取得満期退学（言語学）
大阪大学大学院言語文化研究科教授・同外国語学部朝鮮語専攻専任教員
主な著書：
『「三譯總解」の満文にあらわれた特殊語形の来源』，東京外国語大学アジア・アフリカ言語文化研究所，1997 年
(共著)：『아스톤（W. G. Aston）旧蔵・京都大学文学部所蔵 漂民対話—解題・本文・索引・原文—』，（ソウル）不二文化，2006 年

酒井 裕美（さかい　ひろみ）

第 9 課～第 12 課担当
一橋大学大学院社会学研究科博士課程修了，Ph. D.（社会学）
大阪大学大学院言語文化研究科講師・同外国語学部朝鮮語専攻専任教員
主な著書：
(共著)『図録　植民地朝鮮に生きる』，岩波書店，2012 年
(共著)『視角表象と集合的記憶－歴史・現在・戦争』，旬報社，2006 年

朝鮮語教程

平成 25 年 3 月 20 日　発　行

編著者　小西敏夫・岸田文隆・酒井裕美

発行者　大阪大学大学院言語文化研究科・朝鮮語研究室

発行所　株式会社 溪水社

広島市中区小町 1 － 4（〒 730-0041）

電　話（082）246 － 7909

ＦＡＸ（082）246 － 7876

E-mail: info@keisui.co.jp

ISBN978-4-86327-213-2　C3087

朝鮮語教程

【解答篇】

目　次（解答篇）

朝鮮語教程

【解　答　篇】

第１課　「訓民正音」

【本文】

世 ·솅 宗 종 御 ·ᅌᅥᆼ 製 ·졩 訓 ·훈 民 민 正 ·졍 音 ᅙᅳᆷ ［製とは文をつくることであり、御製とは王様がおつくりになった文である。訓とは教えることであり、民とは一般の人々のことであり、音とはおとのことであるので、訓民正音とは、（王が）一般の人々にお教えになる正しい音である。］

國 ·귁 之 징 語 :ᅌᅥᆼ 音 ᅙᅳᆷ ·이 ［國とはくにである。之は助辞である。語とは言葉である。］

　国の言葉が

異 ·잉 乎 ᅘᅩᆼ 中 듕 國 ·귁 ·ᄒᆞ ·야［異とは異なることである。乎はどこそこにという助辞に用いる字である。中国とは、皇帝がいらっしゃる国であり、わが国の日常語では江南という。］

　中国と異なり

與 :영 文 문 字 ·ᄍᆞᆼ ·로 不 ·부ᇙ 相 샹 流 류ᇢ 通 통 ·홀 ·ᄊᆡ ［與はこれとあれという助辞に用いる字である。文とはふみである。不とは、しないという意味である。相とは、互いにという意味である。流通とは、流れ

通じるということである。]

（中国の）文字（漢字）とは互いに通じないために

故　·공　·로　愚　ᅌᅮᆼ　民　민　·이　有　:ᅌᅲᇢ
所　:송　欲　·욕　言　언　·ᄒᆞ　야　·도　[故とはわけである。愚とは、愚かということである。有とは、あるということである。所とはところである。欲とは、しようとすることである。言とは、言うことである。]

このようなわけで、愚かな一般の人々が言いたいことがあっても

而　ᅀᅵᆼ　終　즁　不　붏　得　득　伸　신
其　끵　情　쪙　者　:쟝　ㅣ　多　당　矣
:ᅌᅴᆼ　·라　[而は助辞である。終とは終わることである。得とは得ることである。伸とは伸ばすことである。其とはそのである。情とは思いである。者とはものである。多とは多いことである。矣は言葉を終える助辞である。]

ついに自分の思いを得て伸ばす（文字で表現する）ことができない者が多いのである。

予　영　ㅣ　爲　·윙　此　:ᄎᆞᆼ　憫　:민　然
ᅀᅧᆫ　·ᄒᆞ　·야　[予とは私がという意味である。此とはこれである。憫然とは哀れにお思いになるという意味である。]

私はこれを哀れに思い

新　신　制　·졩　二　·ᅀᅵᆼ　十　·씹　八　·밣
字　·ᄍᆞᆼ　·ᄒᆞ　노　·니　[新とはあたらしいということであ

る。制とはお作りになるということである。二十八はにじゅうはちである。]

新しく二十八字を作ったが

欲 ·욕 使 :ᄉᆞᆼ 人 ᅀᅵᆫ 人 ᅀᅵᆫ ·ᄋᆞ ·로
易 ·잉 習 ·씹 ·ᄒᆞ ·야 便 뼌 於 ᅙᅥᆼ
日 ·ᅀᅵᇙ 用 ·용 耳 :ᅀᅵᆼ 니 ·라 [使とはさせるという言葉である。人とはひとである。易とはやさしいことである。習とは習うことである。便とは便利でよいことである。於はどこそこにという助辞に用いる字である。日とはひにちである。用とは用いることである。耳とは、だけであるという意味である。]

それぞれの人をして易しく習い、日々用いるのに便利にしようと思うだけである。

ㄱ ·ᄂᆞᆫ 牙 ᅌᅡᆼ 音 ᅙᅳᆷ ·이 ·니 如 ᅀᅧᆼ
君 군 ㄷ 字 ·ᄍᆞᆼ 初 ᄎᆞᆼ 發 ·벓 聲
셩 ᄒᆞ ·니 並 ·뼝 書 셩 ᄒᆞ ·면 如
ᅀᅧᆼ 虯 끃 ᄫ 字 ·ᄍᆞᆼ 初 ᄎᆞᆼ 發 ·벓
聲 셩 ᄒᆞ ·니 ·라 [牙とは奥歯である。如とは、同じという意味である。初發聲とは、初めに発する音である。並書とは、並べて書くことである。]

ㄱは奥歯の音（軟口蓋音）であり、君の字の初めに発する音と同じであり、並べて書けば虯の字の初めに発する音と同じである。

ㅋ ·ᄂᆞᆫ 牙 ᅌᅡᆼ 音 ᅙᅳᆷ ·이 ·니 如 ᅀᅧᆼ
快 ·쾡 ㆆ 字 ·ᄍᆞᆼ 初 ᄎᆞᆼ 發 ·벓 聲
셩 ᄒᆞ ·니 ·라

ㅋは奥歯の音（軟口蓋音）であり、快の字の初めに発する音と同じである。

ㆁ ·ᄂᆞᆫ 牙 ᅌᅡᆼ 音 ᅙᅳᆷ ·이 ·니 如 ᅀᅧᆼ
業 ·ᅌᅥᆸ 字 ·ᄍᆞᆼ 初 총 發 ·ᄇᆞᇙ 聲 셩
ᄒᆞ ·니 ·라

ㆁは奥歯の音（軟口蓋音）であり、業の字の初めに発する音と同じである。

ㄷ ·ᄂᆞᆫ 舌 ·쎯 音 ᅙᅳᆷ ·이 ·니 如 ᅀᅧᆼ
斗 ·ᄃᆞᇢ ᄫᅮ 字 ·ᄍᆞᆼ 初 총 發 ·ᄇᆞᇙ 聲
셩 ᄒᆞ ·니 並 ·뼝 書 셩 ᄒᆞ ·면 如
ᅀᅧᆼ 覃 땀 ㅂ 字 ·ᄍᆞᆼ 初 총 發 ·ᄇᆞᇙ
聲 셩 ᄒᆞ ·니 ·라 ［舌とは、舌である。］

ㄷは舌の音（歯茎音）であり、斗の字の初めに発する音と同じであり、並べて書けば覃の字の初めに発する音と同じである。

ㅌ ·ᄂᆞᆫ 舌 ·쎯 音 ᅙᅳᆷ ·이 ·니 如 ᅀᅧᆼ
呑 튼 ㄷ 字 ·ᄍᆞᆼ 初 총 發 ·ᄇᆞᇙ 聲
셩 ᄒᆞ ·니 ·라

ㅌは舌の音（歯茎音）であり、呑の字の初めに発する音と同じである。

ㄴ ·ᄂᆞᆫ 舌 ·쎯 音 ᅙᅳᆷ ·이 ·니 如 ᅀᅧᆼ
那 낭 ᅙ 字 ·ᄍᆞᆼ 初 총 發 ·ᄇᆞᇙ 聲

셩 ᄒᆞ ·니 ·라

ㄴは舌の音（歯茎音）であり、那の字の初めに発する音と同じである。

ㅂ ·ᄂᆞᆫ 脣 쓘 音 름 ·이 ·니 如 셩
彆 ·볋 字 ·쫑 初 총 發 ·벓 聲 셩
ᄒᆞ ·니 並 ·뼝 書 셩 ᄒᆞ ·면 如 셩
步 뽕 ㆆ 字 ·쫑 初 총 發 ·벓 聲
셩 ᄒᆞ ·니 ·라 ［脣とは、唇である。］

ㅂは唇の音（両唇音）であり、彆の字の初めに発する音と同じであり、並べて書けば步の初めに発する音と同じである。

ㅍ ·ᄂᆞᆫ 脣 쓘 音 름 ·이 ·니 如 셩
漂 푷 ㅸ 字 ·쫑 初 총 發 ·벓 聲
셩 ᄒᆞ ·니 ·라

ㅍは唇の音（両唇音）であり、漂の字の初めに発する音と同じである。

ㅁ ·ᄂᆞᆫ 脣 쓘 音 름 ·이 ·니 如 셩
彌 밍 ㆆ 字 ·쫑 初 총 發 ·벓 聲
셩 ᄒᆞ ·니 ·라

ㅁは唇の音（両唇音）であり、彌の字の初めに発する音と同じである。

ㅈ ·ᄂᆞᆫ 齒 :칭 音 름 ·이 ·니 如 셩
卽 즉 字 ·쫑 初 총 發 ·벓 聲 셩

ᄒᆞ ·니 並 ·뼝 書 셩 ᄒᆞ ·면 如 셩
慈 쫑 ㆆ 字 ·쫑 初 총 發 ·벓 聲
셩 ᄒᆞ ·니 ·라 ［歯とは、歯である。］

ㅈは歯の音（歯茎破擦音）であり、卽の字の初めに発する音と同じであり、並べて書けば慈の字の初めに発する音と同じである。

ㅊ ·ᄂᆞᆫ 齒 :칭 音 흠 ·이 ·니 如 셩
侵 침 ㅂ 字 ·쫑 初 총 發 ·벓 聲
셩 ᄒᆞ ·니 ·라

ㅊは歯の音（歯茎破擦音）であり、侵の字の初めに発する音と同じである。

ㅅ ·ᄂᆞᆫ 齒 :칭 音 흠 ·이 ·니 如 셩
戌 ·슗 字 ·쫑 初 총 發 ·벓 聲 셩
ᄒᆞ ·니 並 ·뼝 書 셩 ᄒᆞ ·면 如 셩
邪 썅 ㆆ 字 ·쫑 初 총 發 ·벓 聲
셩 ᄒᆞ ·니 ·라

ㅅは歯の音（歯茎摩擦音）であり、戌の字の初めに発する音と同じであり、並べて書けば邪の字の初めに発する音と同じである。

ㆆ ·ᄂᆞᆫ 喉 ᅘᅮᇢ 音 흠 ·이 ·니 如 셩
挹 ·ᅙᅳᆸ 字 ·쫑 初 총 發 ·벓 聲 셩
ᄒᆞ ·니 ·라 ［喉とは、のどである。］

ㆆは喉の音（声門音）であり、挹の字の初めに発する音と同じである。

ㅎ ·는 喉 훟 音 음 ·이 ·니 如 셩
虛 헝 ㆆ 字 ·쫑 初 총 發 ·벓 聲
셩 ᄒᆞ ·니 並 ·뻉 書 셩 ᄒᆞ ·면 如
셩 洪 홍 ㄱ 字 ·쫑 初 총 發 ·벓
聲 셩 ᄒᆞ ·니 ·라

ㅎは喉の音（声門音）であり、虚の字の初めに発する音と同じであり、並べて書けば洪の字の初めに発する音と同じである。

ㅇ ·는 喉 훟 音 음 ·이 ·니 如 셩
欲 ·욕 字 ·쫑 初 총 發 ·벓 聲 셩
ᄒᆞ ·니 ·라

ㅇは喉の音であり、欲の字の初めに発する音と同じである。

ㄹ ·는 半 ·반 舌 ·쎯 音 음 ·이 ·니
如 셩 閭 령 ㆆ 字 ·쫑 初 총 發
·벓 聲 셩 ᄒᆞ ·니 ·라

ㄹは半舌音（流音）であり、閭の字の初めに発する音と同じである。

ㅿ ·는 半 ·반 齒 :칭 音 음 ·이 ·니
如 셩 穰 ᅀᅣᇰ ㄱ 字 ·쫑 初 총 發
·벓 聲 셩 ᄒᆞ ·니 ·라

ㅿは半歯音（歯茎摩擦音）であり、穰の字の初めに発する音と同じである。

ㆍ ·는 如 셩 呑 ᄐᆞᆫ ㄷ 字 ·쫑 中

듕 聲 셩 ᄒᆞ ·니 ·라 ［中とは真ん中である。］

・は呑の字の真ん中の音と同じである。

ㅡ ·는 如 셩 卽 즉 字 ·ᄍᆞᆼ 中 듕
聲 셩 ᄒᆞ ·니 ·라

ㅡは卽の字の真ん中の音と同じである。

ㅣ ·ᄂᆞᆫ 如 셩 侵 침 ㅂ 字 ·ᄍᆞᆼ 中
듕 聲 셩 ᄒᆞ ·니 ·라

ㅣは侵の字の真ん中の音と同じである。

ㅗ ·ᄂᆞᆫ 如 셩 洪 ᅘᅩᆼ ㄱ 字 ·ᄍᆞᆼ 中
듕 聲 셩 ᄒᆞ ·니 ·라

ㅗは洪の字の真ん中の音と同じである。

ㅏ ·ᄂᆞᆫ 如 셩 覃 땀 ㅂ 字 ·ᄍᆞᆼ 中
듕 聲 셩 ᄒᆞ ·니 ·라

ㅏは覃の字の真ん中の音と同じである。

ㅜ ·는 如 셩 君 군 ㄷ 字 ·ᄍᆞᆼ 中
듕 聲 셩 ᄒᆞ ·니 ·라

ㅜは君の字の真ん中の音と同じである。

ㅓ ·는 如 셩 業 ·업 字 ·ᄍᆞᆼ 中 듕

聲 셩 ᄒᆞ ·니 ·라

ㅓは業の字の真ん中の音と同じである。

ㅛ ·ᄂᆞᆫ 如 ᅀᅧᆼ 欲 ·욕 字 ·ᄍᆞᆼ 中 듕
聲 셩 ᄒᆞ ·니 ·라

ㅛは欲の字の真ん中の音と同じである。

ㅑ ·ᄂᆞᆫ 如 ᅀᅧᆼ 穰 ᅀᅣᆼ ㄱ 字 ·ᄍᆞᆼ 中
듕 聲 셩 ᄒᆞ ·니 ·라

ㅑは穰の字の真ん中の音と同じである。

ㅠ 는 如 ᅀᅧᆼ 戌 ·슏 字 ·ᄍᆞᆼ 中 듕
聲 셩 ᄒᆞ ·니 ·라

ㅠは戌の字の真ん中の音と同じである。

ㅕ 는 如 ᅀᅧᆼ 彆 ·볋 字 ·ᄍᆞᆼ 中 듕
聲 셩 ᄒᆞ ·니 ·라

ㅕは彆の字の真ん中の音と同じである。

終 즁 聲 셩 ·은 復 ·뽕 用 ·용 初
총 聲 셩 ·ᄒᆞ ·ᄂᆞ 니 ·라 ［復はもう一度すると
いう意味である。］

終声はもう一度初声を用いる。

ㅇ ·를 連 련 書 셩 脣 쓘 音 음
之 징 下 ·ᅘᅣᆼ ᄒᆞ ·면 則 ᄌᆞᆨ 爲 윙
脣 쓘 輕 켱 音 음 ·ᄒᆞ ·ᄂᆞ 니 ·라
［連とは、つなぐことである。下とは、したである。則は、何かをすればという助辞に用いる時である。爲とは、なるということである。輕とは、軽いということである。］

ㅇを唇の音の下に続けて書けば、唇軽音（両唇摩擦音）になる。

初 총 聲 셩 ·을 合 ·ᅘᅡᆸ 用 ·용 ᄒᆞᇙ
디 ·면 則 ᄌᆞᆨ 並 ·뼝 書 셩 ᄒᆞ ·라
終 ᄌᆞᆼ 聲 셩 ·도 同 똥 ᄒᆞ ·니 ·라
［合とは、合わせることである。同とは、同じという意味である。］

初声を合わせて用いようとするなら並べて書け。終声も同じである。

· ㅡ ㅗ ㅜ ㅛ ㅠ ·란 附 ·뿡 書
셩 初 총 聲 셩 之 징 下 ·ᅘᅣᆼ ᄒᆞ
·고 ［附とは付くことである。］

・とㅡとㅗとㅜとㅛとㅠは初声の下に付けて書き

ㅣ ㅏ ㅓ ㅑ ㅕ ·란 附 ·뿡 書 셩
於 헝 右 ·ᅌᅮᇢ ᄒᆞ ·라 ［右とは右側である。］

ㅣとㅏとㅓとㅑとㅕは右側に付けて書け。

凡 뻠 字 ·ᄍᆞᆼ ㅣ 必 ·빓 合 ·ᅘᅡᆸ 而
ᅀᅵᆼ 成 쎵 音 흠 ·ᄒᆞ ᄂᆞ ·니 ［凡とは、およ

そという意味である。必とは、かならずという意味である。成とは、なることである。]

およそ字（訓民正音）は、必ず合わさってこそ、音を成すのである。

左 :장 加 강 一 ·ᅙᅵᇙ 點 :뎜 ᄒᆞ ·면
則 ᄌᆞᆨ 去 ·컹 聲 셩 ·이 ·오 ［左とは左側である。加とは、加えることである。一とは、ひとつである。去聲とは、最も高い音である。］

左側に一点を加えれば最も高い音（去声）であり、

二 ·ᅀᅵᆼ 則 ᄌᆞᆨ 上 :썅 聲 셩 ·이 ·오
［二とは、ふたつである。　上聲とは、初めが低く後が高い音である。］

点が二つであれば上声であり、

無 뭉 則 ᄌᆞᆨ 平 뼝 聲 셩 ·이 ·오
［無とは、ないことである。平聲とは、最も低い音である。］

点がなければ平声であり、

入 ·ᅀᅵᆸ 聲 셩 ᄋᆞᆫ 加 강 點 :뎜 ·이
同 똥 而 ᅀᅵᆼ 促 ·쵹 急 ·급 ᄒᆞ ·니
·라 ［入聲とは、はやく終わる音である。促急とは、はやいことである。］

入声とは、点を加えることは同じであるが、速い。

漢 ·한 音 흠 齒 :칭 聲 셩 은 有
:울 齒 :칭 頭 뚷 正 ·졍 齒 :칭 之
징 別 볋 ᄒᆞ ·니 [漢音とは、中国の音である。頭とは、あたまである。別とは、分けることである。]

中国音の歯の音は、歯頭と正歯の区別があるので、

ᅎ ᅔ ᅏ ᄾ ᄿ 字 ·쫑 ·ᄂᆞᆫ 用 ·용 於 헝 齒 :칭 頭 뚷 ·ᄒᆞ 고 [この音は、我が国の音よりうすいので、舌の先が下の歯茎に付く。]

ᅎ ᅔ ᅏ ᄾ ᄿの字は、歯頭の音に用い、

ᅐ ᅕ ᅑ ᄼ ᄽ 字 ·쫑 ·ᄂᆞᆫ 用 ·용 於 헝 正 ·졍 齒 :칭 ·ᄒᆞ ᄂᆞ ·니 [この音は、我が国の音より厚いので、舌の先が下の歯茎に付く。]

ᅐ ᅕ ᅑ ᄼ ᄽの字は、正歯の音に用い、

牙 앙 舌 ·쎯 脣 쓘 喉 ᅘᅮᇢ 之 징 字 ·쫑 ·ᄂᆞᆫ 通 통 用 ·용 於 헝 漢 ·한 音 흠 ·ᄒᆞ ·ᄂᆞ 니 ·라

奥歯と舌と唇と喉の音の字は、中国音と通じて用いる。

訓 ·훈 民 민 正 ·졍 音 흠

第２課　「月印釈譜」

【本文】

月印千江之曲第一［仏が、百億の世界に化身して教化なさることが、月が千の川に映るのと同じである。第とは、順番である。］

釈譜詳節第一

其一

巍巍とした釈迦仏の無量無辺の功徳は、果てしない歳月が過ぎても、どうしてすべて申し上げられましょう。［巍巍とは、高くて大きいことである。邊とは、ほとりである。］

其二

世尊のことを申し上げますと、万里の外のことであられますが、目に見えるかとお思いください。［万里外とは、万里のそとである。］

世尊の言葉を申し上げますと、千載上の言葉ではあられますが、耳に聞こえるかとお思いください。［千載上とは、千年前である。］

其三

阿僧祇の前世の時に、王の位をお捨てになって精舎に座っていらっしゃいました。

五百人の前世の仇が、国の財産を盗んで精舎を通りすぎました。

其四

兄さんであることが分からず、跡を追い、木に突き刺したので、命を終えられました。

子息がおありでないので、からだの血を集め、器に盛って男と女を作り出しました。

其五

かわいそうな命の終わりに、甘蔗氏の後継ぎを大瞿曇が作り出しました。

遥かな後の世に釈迦仏になられることを普光仏がおっしゃいました。

其六
外道の五百人が善慧の徳をこうむり、弟子になって銀貨を捧げました。
花売り娘の倶夷は、善慧の意を知り、夫妻になりたいと願って花をお捧げになりました。

其七
五本の花二本の花が空中にとどまったので、天竜八部が賛嘆申し上げました。
服と髪の毛を路中にお広げになったので、普光仏がまた授記なさいました。[路中とは、路の真ん中である。]

其八
七本の花に因って信誓がお深まりになり、生まれた世ごとに妻になられました。[誓とは、誓いである。]
五つの夢に因って授記が明らかになられ、今日に世尊になられました。

昔、阿僧祇劫の時節に[阿僧祇とは、限りない数であるという言葉である。劫とは、時節という意味である。]一人の菩薩が王になっていらっしゃって[菩薩とは、菩提薩埵という言葉を縮めて言ったのである。菩提とは、仏の道理であり、薩埵とは、衆生を言ったことである。仏の道理で衆生を済度なさる人を菩薩であられるというのである。]国を弟にお任せになり、道理を学びにお出掛けになり、瞿曇婆羅門にお会いになり、[瞿曇とは姓である。婆羅門とは、清らかな行跡という言葉で、山に入って仕事をしないでいて、行跡が清らかな人である。]自分の服は脱いで瞿曇の服をお召しになり、深山に入り果実と水をお召し上がりになり、[深山とは、深い山である。]坐禅なさっていて[坐禅とは、座っていて深い道理を考えることである。]国に乞食をしにやってこられると、誰も(前の王であることに)気が付かないで小瞿曇と呼んだ。[小とはちいさいことである。]菩薩が城の外の甘蔗園に[城とはしろである。甘蔗とは草であるが、植えて二年ほどで育ち、竹のようで、長さが十尺あまりになるとその汁で砂糖を作る。園は庭園である。]精舎を作り、[精舎とは身を慎む家である。]一人で座っていらっしゃると、盗賊五百人が[五はいつつであり、百はひゃくである。]官庁の物を盗み、精舎のそばを通りすぎたが、その盗賊は、菩薩の前世生のかたきであった。[前世生とは、過去世の生である。]翌日、国において、盗賊の跡を追い、その菩薩を捕まえ、木に体を突き刺し申し上げておいた。[菩薩が前生に作った罪で、このように苦しまれるのである。]大瞿曇が天眼で見て、

[菩薩を小瞿曇と呼ぶので婆羅門を大瞿曇と呼ぶ。大とはおおきいことである。天眼とはてんのめという言葉である。]虚空を飛んできてお尋ねするのに、「そなたは子息がいないのに何の罪か。」(と尋ねた。)菩薩がお答えになるのに、「もう死ぬ私なのに子孫の話をするのか。」(と答えた。)[子は息子であり孫はまごである。子孫は子とまごであり、その後の子を無数に言う語である。]その王が人を使わして射殺し申し上げた。大瞿曇が悲しみ、(亡骸を)包んで、棺にお入れ申し上げ、血の付いた土を掘って持ち、精舎に戻り、左側の血と右側の血を別々に盛り、言うには「この道士のまことがきわまりないものであるならば、[道士とは、道理を学ぶ人であり、菩薩のことを申し上げている。]天が必ずこの血を人間にするであろう。」(と言った。)十ヶ月経ち、左側の血は男子になり、[男子とはおとこである。]右側の血は女子になった。[女子とはおんなである。]姓を瞿曇氏と言ったが、[氏は姓と同じ言葉である。]これから(菩薩の)子孫がお継ぎになり、瞿曇氏が再びお興りになられた。[小瞿曇が甘蔗園にお住みになったので、甘蔗氏とも言った。]

第３課　「高麗歌謡」

（1）青山別曲

【本文】

青山別曲

住みたいものだ　住みたいものだ　青山に住みたいものだ
山葡萄やさるなしの実を食べて　青山に住みたいものだ
ヤルリヤルリヤルランション　ヤルラリヤルラ

啼け　啼け　鳥よ
寝て　起きて　啼け
おまえより愁いの多い私も　寝て　起きて　泣いている
ヤルリヤルリヤルラション　ヤルラリヤルラ

行く鳥　行く鳥　見たか
水の中を　行く鳥　見たか
苔むした　鋤を持って　水の中を　行く鳥を　見たか
ヤルリヤルリヤルラション　ヤルラリヤルラ

どうにかこうにかして　昼は過ごしてきたものの
来る人も　行く人もいない　夜は　またどうしようか
ヤルリヤルリヤルラション　ヤルラリヤルラ

どこに投げた　石か
誰に向けた　石か
憎む人も　愛する人も　なく　石に当たって　泣いている
ヤルリヤルリヤルラション　ヤルラリヤルラ

住みたいものだ　住みたいものだ　海に住みたいものだ
松菜や牡蠣、貝を食べて　海に住みたいものだ
ヤルリヤルリヤルラション　ヤルラリヤルラ

行って　行って　聞く　厨を通り過ぎて　聞く
鹿が竿の上に上って　奚琴を弾くのを　聞く
ヤルリヤルリヤルラション　ヤルラリヤルラ

行けば　大きな甕に　度の強い酒を　醸造している
ヒョウタンの花の形の麹が　匂って　引留める　私はどうしようか
ヤルリヤルリヤルラション　ヤルラリヤルラ

（2）鄭石歌

【本文】
鉦よ　磬よ　今　いらっしゃいます
鉦よ　磬よ　今　いらっしゃいます
先王聖代に　遊んでみとうございます

かさかさに乾いた　細かい砂の崖に　ナナン
かさかさに乾いた　細かい砂の崖に　ナナン
焼栗　五升を植えます
その栗が　芽生えたら
その栗が　芽生えたら
徳のお篤いお方とお別れいたしましょう

玉(ぎょく)に蓮の花を刻みましょう
玉(ぎょく)に蓮の花を刻みましょう
岩の上に接ぎ木をいたします
その花が三束咲いたら（その花が真冬に咲いたら）
その花が三束咲いたら（その花が真冬に咲いたら）
徳のお篤いお方とお別れいたしましょう

銑鉄でチョルリク(武官の公服)を裁断して　ナナン
銑鉄でチョルリク(武官の公服)を裁断して　ナナン
鉄の糸で縫いましょう
その服がすっかりすりきれたら

徳のお篤いお方とお別れいたしましょう

銑鉄で大きな牛を作って
銑鉄で大きな牛を作って
鉄樹山に置きましょう
その牛が鉄の草を食べたら
その牛が鉄の草を食べたら
徳のお篤いお方とお別れいたしましょう

珠(たま)が岩に落ちたとしても
珠(たま)が岩に落ちたとしても
(つないでいた)紐は切れるでしょうか
千年を一人で行ったとしても
千年を一人で行ったとしても
(あなたに対する)信が切れるでしょうか

第4課　時　調

【本文】

白日は西山に沈み黄河は東海に注ぐ
古来英雄は北邙に行くということか(死ぬということか)
ああ万物は盛衰するものであるから恨むことがあろうか
崔冲〈楽学拾零・海東歌謡(一石本)〉

片手に棒を握りまた片手に
老いゆく道を茨で防ぎやってくる白髪を棒で打とうとしたら
白髪の方が私より先に気づいて近道を通ってやってきた
禹倬〈楽学拾零・海東歌謡(一石本)〉

梨花に月白く天の川が三更の時
一枝の春の心をほととぎすは知っているだろうか
熱い思いは病のようで夜も眠れない
李兆年〈楽学拾零・青丘永言(珍本)〉

雲が無心であるという言葉はおそらくでたらめだ
中天に浮かんでいて思い通りに動き回り
あえて明るい日の光についてまわって覆い隠すのだから
李存吾〈楽学拾零・青丘永言(珍本)〉

緑耳霜蹄という名馬を肥やして小川の水に濯って跨り
竜泉雪鍔という名刀をよく切れるように磨いて肩に担い
ますらおの我は国のために忠節を立ててみようかと思う
崔瑩〈楽学拾零・青丘永言(珍本)〉

白雪が消え残る谷に雲が険しく群がっている
なつかしい梅の花はどこに咲いているのか
夕陽にひとり立っておりどこに行くべきか分からない

李穡〈青丘永言(珍本)〉

こうであってもよいしああであってもよいではないか
万寿山の葛が絡まりあったとしてもよいではないか
我らもこのように絡まりあって百年まで生きよう

李芳遠〈楽学拾零・青丘永言(珍本)〉

この身は死んで死んで百回死んで
白骨が塵土となり魂もあるかなきかとなっても
大君に対する真心は消えることがあろうか

鄭夢周〈楽学拾零・青丘永言(珍本)〉

五百年の都の跡を一頭の馬に乗って巡ってみると
山川は昔のままだが豪傑はどこに行ったのやら
ああ太平の歳月が夢のようである

吉再〈楽学拾零・青丘永言(珍本)〉

興亡は時の運であり満月台も秋草に覆われている
五百年の王業が牧童の吹く笛に残っている
夕陽に通りすぎる旅人は涙をこらえることができない

元天錫〈楽学拾零・青丘永言(珍本)〉

仙人橋を下る水が紫霞洞に注ぎ
五百年の王業は水の音だけだ
子供よ故国の興亡を尋ねて何になる

鄭道傳〈青丘永言(洪氏本・カラム本)〉

江湖(いなか)に春が来ると、遊びたい気持が自然に生じる
どぶろくを準備した小川のほとりで、錦のように美しい鱗の魚が肴である
この身がのどかであるのも、また王様の恵みによるものである

孟思誠〈楽学拾零・青丘永言(珍本)〉

大きななつめの頬が赤い谷に栗はなぜ落ちるのか
稲を刈った切株に蟹はなぜ下りるのか

酒が熟すと(酒を漉す)篩売りが巡ってくるが、飲まないでどうする
黄喜〈海東歌謡(周氏本)〉

長白山に旗を立て豆満江に馬を濯うと
腐ったあの文官たちよ　我らは男ではないか
どうだ　凌煙閣上に誰の顔を描くだろうか
金宗瑞〈楽学拾零・青丘永言(珍本)〉

長剣を抜いて持ち白頭山に登れば
明るい天地に戦塵が澱んでいる
いつか南北の風塵を蹴散らしてみようと思う
南怡〈青丘永言(珍本・カラム本)〉

この身が死んで何になるかと考えると
蓬莱山第一峰に大きな松となり
白雪が天下に満ちたときも一人青々としていよう
成三問〈楽学拾零・青丘永言(珍本)〉

烏がみぞれに打たれ、白いようであったが黒くなるのであるなあ
夜に光る明るい月は、夜であっても暗いだろうか
あのお方への真心は変わることはあるだろうか
朴彭年〈楽学拾零・青丘永言(珍本)〉

昨夜のせせらぎ悲しく泣いて過ごしたなあ
今思うとあのお方が泣いて送ってくださったのだ
あの水が逆流すればよい私も泣いて行こう
元昊〈楽学拾零・青丘永言(珍本)〉

千万里の遠い旅路の果てに美しき君にお別れ申し上げ
私の心は置き所がなく川辺に座ると
あの水も私の心と同じで泣きながら夜道を行くなあ
王邦衍〈楽学拾零・青丘永言(珍本)〉

ああ私のしでかしたことよ恋しくなるとは思わなかったのか

いてくれと言ったなら帰っただろうか私はあえて
見送ってから恋しい気持ちが湧くとは私にもわからなかった
黄眞伊〈楽学拾零・青丘永言(珍本)〉

冬至の月(陰暦11月)の長い長い夜を半分に切り取って
春風の布団の中にくるくると巻き入れて
あなたさまがいらっしゃった日の夜にくねくねとひろげましょう
黄眞伊 〈楽学拾零・青丘永言(珍本)〉

青山の中の緑の谷水よ速く行くのを自慢するな
一度滄海に至ればまた来るのは難しい
明月が山に満ちている休んでいけばどうか
黄眞伊〈楽学拾零・青丘永言(珍本)〉

北の空が晴れていたので雨具を持たずに出かけたら
山には雪が降り野には寒雨だ
今日は寒雨に遇ったので凍えて眠ろうかと思う
林悌〈楽学拾零・海東歌謡(一石本)〉

なぜ凍えて寝る何ゆえに凍えて寝る
鴛鴦の枕翡翠色の布団をどこに置いて凍えて寝るのか
今日は寒雨に遇ったので溶けて寝ようかと思う
寒雨〈楽学拾零・海東歌謡(一石本)〉

こうであってもよいしああであってもよいではないか
田舎に埋もれて暮らす愚かな者がこのようであってもよいではないか
まして山水を愛する気持ちは膏肓の域に達しており治してどうしようか
李滉〈陶山六曲板本〉

泰山が高いと言うが空の下の山である
登ってまた登れば登られぬはずはないが
人は自分では登らずに山を高いと言っている
楊士彦〈楽学拾零・青丘永言(珍本)〉

高山九曲潭を人は知らなかったが
よい地を選んで草木を刈って住めば友らがみんなやってきた
ああ武夷を想像して朱子を学ぼう
李珥〈楽学拾零・海東歌謡(一石本)〉

閑山島の月の明るい夜に戍楼に独り座り
大刀を腰に差し深い愁いに沈む時
どこからか一声の葦笛が私のはらわたを断つ
李舜臣〈楽学拾零・青丘永言(珍本)〉

私の友が何人いるかと思うと水に石に松に竹
東山に月が昇るとそれはより嬉しい
ああこの五つの友に何をか加えん
尹善道〈孤山遺稿〉

雲の色が清らかだと言うがしきりに黒くなる
風の音が澄んでいると言うが途切れることも多い
清らかで途切れる時のないのは水だけかと思う
尹善道〈孤山遺稿〉

花はどうして咲いてはたやすく散り
草はどうして青々としていて黄色くなるのか
おそらく変わらないのは岩だけかと思う
尹善道〈孤山遺稿〉

暑ければ花が咲き寒ければ葉が散るが
松よおまえはどうして雪や霜を知らないのか
大地に深く根ざしていることをそれによって知るのである
尹善道〈孤山遺稿〉

木でもない者が草でもない者が
真っ直ぐなのは誰がそうさせたのか中はどうしてからなのか
あのようであっても四時に青いのでそれを好むのである
尹善道〈孤山遺稿〉

小さな者が高く昇って万物をすべて照らす
夜中の光明は汝に勝る者がほかにあるだろうか
見ていても黙っているので私の友かと思う

尹善道〈孤山遺稿〉

阿弥陀仏阿弥陀仏と一心不乱であれば
阿弥陀仏がすぐに目の前に現れるので
臨終に阿弥陀仏阿弥陀仏と唱えれば往生極楽するであろう

枕肱大師〈枕肱集〉

小さな園の百花の群がりを飛び回る蝶たちよ
香りにひかれて枝から枝へと止まるな
夕陽に意地悪な蜘蛛が網を張って狙っている

麟坪大君〈楽学拾零・青丘永言(珍本)〉

秋水は天と同じ色　龍舸は中流に浮いている
簫鼓の一声に万古の愁いを解く
我らも万民を伴いともに太平を楽しもう

粛宗〈楽学拾零・青丘永言(珍本)〉

人生を考えてみると一場の夢である
良いこと悪いこと夢の中の夢だから
ああ夢のような人生を遊ばないでどうする

朱義植〈楽学拾零・青丘永言(珍本)〉

第５課　「小児論」

【本文】
（以下、小児論本文の満洲語、朝鮮語、和訳の順に示す。）

julgei han gurun i fonde
녜 한나라 시졀에
昔の漢國の時に

fudz gurun boo be dasame
부지 國家를 다스려
夫子が國家を正すために

abkai fejergi
天下
天下

geren golo de s;urdeme yabuhai
各省에 두루 든니다가
各省にめぐり歩きながら

jiyang giyang hecen de isinambi
쟝강셩에 다드르니
長江城に至る

fudzy genere jugu;n de
부즈 가는 길히
夫子が行く道に

ajige ilan juse kame ilifi
쟈근 세 아희들이 막아 셔셔
小さな3人の子供らがさえぎって立って

hecen sahafi efimbihe
셩 쓰고 노롯ᄒᆞ더니
城を築いて遊んでいた

fudzy be tuwafi
부ᄌᆞ를 보고
夫子を見て

efiraku; baibi tehebi
노롯 아니ᄒᆞ고 그저 안잣거ᄂᆞᆯ
遊ばずにただ座っていた

fudzy hendume
부ᄌᆡ 니로되
夫子が言うには

ere jui si ainu efiraku; bio
이 아희 네 엇지 노롯 아니ᄒᆞᄂᆞᆫ다
この子よ、お前はなぜ遊ばずにいるのか

ilan se jui jabume
三歲兒ㅣ ᄃᆡ답호되
三歳兒が答えるには

hafan niyalma efin de amuran oci
官員 사ᄅᆞᆷ이 노롯 즐기면
役人が遊びを好めば

gurun i weile facuhu;n
國事ㅣ 어즈럽고
國事が亂れ

irgen niyalma efin de amuran oci
百姓 사름이 노롯 즐기면
人民が遊びを好めば

usin nimalan be we bargiyambi
農桑을 뉘 거두료
田桑をだれが收穫するか

tuttu ofi
그러모로
だから

hafan irgen bodoraku;
官員 百姓 믈논ᄒᆞ여
役人、人民を分かたず

efire be buyeraku;
노롯ᄉᆞᆯ 원치 아니ᄒᆞᄂᆞ이다
遊びを欲しないのだ

fudzy hendume
부ᄌᆞ 니로되
夫子が言うには

ajige jui si ainu tuttu ambula sambi
쟈근 아히 네 엇지 그리 만히 아ᄂᆞ뇨
小兒よ、お前はなぜそのように大いに知っているのか

si mini fonjire weile be
네 내 믓는 일을
お前は私の問うことに

gemu sain jabumbio
다 잘 뒤답홀다
すべてうまく答えるか

ilan se jui jabume
三歳兒ㅣ 뒤답호되
三歳兒が答えるに

fudzy i fonjire gisun be
부즈의 무르시는 말솜을
夫子の問うことに

sain jabumbi dere
잘 뒤답ᄒ리이다
うまく答えるでしょう

fudzy fonjime
부지 무르되
夫子の問うには

ajige jui si donji
쟈근 아희 네 드르라
小兒よ、お前、聞け

den alin be aku; obuki
놉흔 뫼흘 업게 ᄒ쟈
高い山をなくそう

s;umin bira be aku; obuki
深川을 업게 ᄒᆞ쟈
深い川をなくそう

hafan niyalma be aku; obuki
官員 사름을 업게 ᄒᆞ쟈
役人をなくそう

tuttu oci
그러ᄒᆞ면
そうしたら

neigen ojoraku;n
고로 아니 되오랴
公平にならないか

ilan se jui jabume
三歲兒ㅣ ᄃᆡ답호되
三歳兒が答えるには

den alin be aku; obuci
놉흔 뫼흘 업게 ᄒᆞ면
高い川をなくしたら

tasha lefu
범과 곰이
虎と熊は

ai daniyan de banjimbi
어ᄂᆡ 의지에 살며
どの物陰に住むか

s;umin bira be aku; obuci
深川을 업게 ᄒᆞ면
深い川をなくしたら

aihu;ma nimaha
남샹이와 고기
すっぽんと魚は

ai daniyan de bi
어ᄂᆡ 의지에 이시며
どの物陰にいるか

hafan niyalma be aku; obuci
官員 사ᄅᆞᆷ을 업게 ᄒᆞ면
役人をなくしたら

fafun doro be adarame tacime
법녜를 엇지 ᄇᆡ호며
法度と禮をどうして學び

irgen niyalma wede hu;sun bahambi
百姓 사ᄅᆞᆷ이 뉘게 힘 어드료
人民はだれに助けられるのか

abka fejile
天下ㅣ
天下が

neigen ojoro be boljoci ojoraku;
고로 되오믈 期約지 못ᄒᆞ리이다
公平になることを期することはできない

fudzy hendume
부직 니로되
夫子が言うには

ajige jui si ainu tuttu
쟈근 아희 네 엇지 그리
小兒よ、お前はなぜそのように

gemu weile be sambi
다 일을 아는다
あらゆることを知っているのか

bi geli emu weile be fonjimbi
내 또 흔 일을 무르리라
私はまたひとつのことを問う

ilan se jui
三歲兒ㅣ
三歲兒が

amasi bederefi
뒤흐로 믈러
後ろに退いて

juwe gala joolafi hendume
두 손 잡고 니로되
兩手を組み合わせて言うには

ai weile be fonjimbi
무슴 일을 무르시리잇가
どんなことをおたずねになりますか

fudzy hendume
부직 니로되
夫子が言うには

ai niyalma de
엇던 사롬의게
どんな人に

sargan aku;
妻 업고
妻がなく

geli ai hehe de
또 엇던 겨집의게
またどんな女に

eigen aku;
지아비 업고
夫がなく

geli ai niyalma de
또 엇던 사롬의게
またどんな人に

gebu aku;
일홈 업고
名前がなく

geli ai hecen de
또 엇던 城에
またどんな城に

hafan aku;
官員 업고
役人がおらず

geli ai sejen de
또 엇던 술의에
またどんな車に

hude aku;
띠 업고
車輪がなく

geli ai muke de
또 엇던 믈에
またどんな水に

nimaha aku;
고기 업고
魚がおらず

geli ai tuwa de
또 엇던 불에
またどんな火に

s;anggiyan aku;
닉 업고
煙がなく

geli ai ihan de
또 엇던 쇠게
またどんな牛に

tuks;an aku;
쇠아지 업고
子牛がなく

geli ai morin de
또 엇던 물게
またどんな馬に

unahan aku;
믹아지 업고
子馬がなく

geli ai temen de
또 엇던 약대게
またどんならくだに

deberen aku; nio
삿기 업스뇨
仔がいないか

ere gese weile be sambio
이런 일을 아는다
このようなことを知っているか

ilan se jui jabume
三歲兒ㅣ 딕답호되
三歲兒が答えるには

fucihi de
부텨의게
佛に

sargan aku;
妻 업고
妻がなく

enduri hehe de
仙女의게
仙女に

eigen aku;
지아비 업고
夫がなく

teni banjiha jui de
굿난 아희게
生まれたてた子供に

gebu aku;
일홈 업고
名前がなく

untuhun hecen de
뷘 城에
空っぽの城に

hafan aku;
官員 업고
役人がおらず

kiyoo de hude aku;
轎子에 띠 업고
輿に車輪がなく

juciba tuwa de
반도블에
螢の光に

s;anggiyan aku;
ᄂᆡ 업고
煙がなく

moo morin de
나모ᄆᆞᆯ게
木馬に

unahan aku;
ᄆᆡ아지 업고
子馬がなく

boihon ihan de
ᄒᆞᆰ쇠게
土の牛に

tuks;an aku;
쇠아지 업고
子牛がなく

ufa temen de
ᄀᆞᄅᆞ약대게
うどん粉のらくだに

deberen aku;
삿기 업고
仔がなく

hu;cin muke de
우믈믈에
井戸の水に

nimaha aku; kai
고기 업ㄴ니이다
魚がいないのです

fudzy hendume
부지 니로되
夫子が言うには

ajige jui si tuttu saci
쟈근 아히 네 그리 알면
小児よ、お前がそんなに知っているのならば

bi geli fonjimbi
내 또 무르리라
私はまたたずねよう

sishe ninggude
요 우희
ござの上に

ungge banjinambi sere be sambio
골 난다 홈을 아는다
ねぎが生えるというのを知っているか

boo juleri ulhu; banjinambi sere be sambio
집 앏히 골난다 홈을 아는다
家の前に葦が生えるというのを知っているか

coko ulhu;ma ubaliyambi sere be sambio
ᄃᆞᆰ이 ᄭᅯᇰ 번ᄉᆡᆼᄒᆞᆫ다 ᄒᆞᆷ을 아ᄂᆞᆫ다
鶏が雉に變わるというのを知っているか

indahu;n ini ejen be
개 제 님자ᄅᆞᆯ
犬がその主に

gu;wambi sere be sambio
즞ᄂᆞᆫ다 ᄒᆞᆷ을 아ᄂᆞᆫ다
吠えるというのを知っているか

ilan se jui jabume
三歲兒ㅣ ᄃᆡ답호되
三歲兒が答えるには

ungge serengge
골이라 ᄒᆞᆷ은
ねぎというのは

sishe de sektere narhu;n jijiri
요ᄒᆡ ᄉᆞᆫ 돗기오
ござに張った（おりめの）細かい草むしろであり

ulhu; serengge
ᄀᆞᆯ이라 ᄒᆞᆷ은
葦というのは

fudasihu;n ilibuha hida
거ᄉᆞᆯ이 셰온 발이오
逆さに立てた竹すだれであり

coko ulhu;ma ubaliyambi serengge
ᄃᆞᆰ이 ᄭᅯᆼ 번ᄉᆡᆼᄒᆞᆫ다 ᄒᆞᆷ은
鶏が雉に變わるというのは

giranggi adali oci
ᄲᅨ ᄀᆞᆺᄒᆞ모로
骨が同じなので（同族なので）

tuttu kai
그러ᄒᆞ니이다
そうなのです

indahu;n ini ejen be gu;wambi serengge
개 제 님자ᄅᆞᆯ ᄌᆞᆺᄂᆞᆫ다 ᄒᆞᆷ은
犬がその主に吠えるというのは

baibi geren antaha be acafi
쇽졀업시 여러 손을 만나
やたらに多くの客に會って

gu;wambi kai
ᄌᆞᆺᄂᆞ니이다
吠えるのです

fudzy hendume
부ᄌᆡ 니로되
夫子が言うには

ajige jui si ainu tuttu ambula sambi
쟈근 아희 네 엇지 그리 만히 아ᄂᆞ뇨
小兒よ、お前はなぜそのように大いに知っているのか

si minde jai fonji
네 내게 또 무르라
お前は私にまたたずねよ

ilan se jui
三歲兒ㅣ
三歳兒が

uttu hendure be donjifi jabume
이리 니로믈 듯고 디답호되
このように言うのを聞いて答えるには

bi ai gisun be fonjire sain
내 무슴 말을 무르믈 잘ᄒᆞ며
私はどんなことをたずねれば良いでしょう。

fuzdy i fonjiraku; bade adarame sain
부ᄌᆞ의 뭇지 아니ᄒᆞ여 엇지 잘ᄒᆞ료
夫子のおたずねにならないのにどうしたら良いでしょう

te mujilen de gu;niha weile be fonjiki
이제 ᄆᆞ음에 ᄉᆡᆼ각ᄒᆞᆫ 일을 뭇고져 ᄒᆞᄂᆞ이
今心に思ったことをたずねましょう

geren moo i dorgi de
여러 나모 즁에
さまざまの木の中で

jakdan moo adarame
소남근 엇지ᄒᆞ여
松の木はどうして

tuweri juwari aku; niowanggiyan
겨ᄋᆞᆯ 녀름 업시 프르고
冬夏なく緑であり

garu niongniyaha
곤이와 기러기ᄂᆞᆫ
白鳥と鵞鳥は

muke de niyerere sain
믈에 헤움을 잘ᄒᆞ고
水に泳ぐのがうまく

kekuhe guwendere jilgan amba nio
벅국이ᄂᆞᆫ 우ᄂᆞᆫ 소ᄅᆡ 크뇨
カッコウはさえずる聲が大きいのでしょう

fudzy hendume
부ᄌᆡ 니로되
夫子が言うには

jakdan moo mailasun moo
松栢은
松の木と柏の木は

dolo fili ofi
속이 ᄇᆡ모로
中がつまっているので

tuweri juwari aku; niowanggiyan
겨ᄋᆞᆯ 녀름 업시 프르고
冬夏なく緑であり

garu niongniyaha
곤이와 기러기ᄂᆞᆫ
白鳥と鵞鳥は

bethe onco ofi
발이 너브모로
足が廣いので

muke de niyerere sain
水に泳ぐのがうまく
믈에 헤움을 잘ᄒᆞ고

kekuhe monggin golmin ofi
벅국이ᄂᆞᆫ 목이 길모로
カッコウは首が長いので

guwenderengge amba kai
우롬이 크니라
さえずる聲が大きいのだ

ilan se jui jabume
三歲兒ㅣ ᄃᆡ답호되
三歲兒が答えるには

jakdan moo mailasun moo
松栢은
松の木と柏の木は

dolo fili ofi
속이 ᄇᆡ모로
中がつまっているので

tuweri juwari aku; niowanggiyan seci
겨ᄋᆞᆯ 녀름 업시 프를지면
冬夏なく綠であると言うのなら

cuse moo ai dolo fili ofi
대ᄂᆞᆫ 어ᄂᆡ 속이 ᄇᆡ모로
竹の木はどの中がつまっていて

tuweri juwari aku; niowanggiyan
겨ᄋᆞᆯ 녀름 업시 프르고
冬夏なく綠であるのか

garu niongniyaha
곤이와 기러기ᄂᆞᆫ
白鳥と鵞鳥は

bethe onco ofi
발이 너브모로
足が廣いので

muke de niyere sain seci
믈에 헤움을 잘ᄒᆞᆯ지면
水に泳ぐのがうまいと言うのなら

aihu;ma nimaha ai bethe onco ofi
남샹이와 고기ᄂᆞᆫ 어ᄂᆡ 발이 너브모로
すっぽんと魚はどの足が廣くて

muke de nyerere sain
믈에 헤움을 잘ᄒᆞ고
水に泳ぐのがうまいのか

kekuhe monggon golmin ofi
벅국이ᄂᆞᆫ 목이 길모로
カッコウは首が長いので

guwendere jilgan amba seci
우ᄂᆞᆫ 소ᄅᆡ 클지면
さえずる聲が大きいというのなら

ajige waks;an ai monggon golmin ofi
죠고만 머구리ᄂᆞᆫ 어ᄂᆡ 목이 길모로
小さなひきがえるはどの首が長くて

guwendere jilgan amba sembi
우ᄂᆞᆫ 소리 크다 ᄒᆞ리잇가
さえずる聲が大きいと言うのですか

fudzy hendume
부ᄌᆡ 니로되
夫子が言うには

bi simbe cendeme jortai fonjiha bihe
내 너ᄅᆞᆯ 詩驗ᄒᆞ여 짐즛 무럿더니
私はお前を試すためにわざとたずねたのだ

sini sarangge umesi getuken seme ambula sais;ambi
네 아ᄂᆞᆫ 거시 ᄀᆞ장 明白다 ᄒᆞ여 크게 기리니
お前の知っていることはたいへん正確であると大いにほめたたえる

tere fon i donjihala niyalma
그 시절의 듯ᄂᆞᆫ 사ᄅᆞᆷ들이
その時の聞いた者はだれでも

ilan se jui be
三歲兒ᄅᆞᆯ
三歲兒を

mujaku; sain seme hendumbi
ᄀᆞ장 착다 ᄒᆞ여 니ᄅᆞ고
本當にえらいと言う

ere dahame wajiha
일로 ᄆᆞᄎᆞ니라
これによって終わった

第6課　「朝鮮語訳」

【本文】

[第95条][訳:2:17b]별ᄎᆡ 일이 그런 놀나온 일이 업ᄉᆞ외 무슨 병으로 그리 意外의 상ᄉᆞ 낫ᄉᆞᆸ던지 우리 듣ᄌᆞ와 실ᄉᆞ×탑[○답]지 아니 ᄒᆞ여 ᄭᅮᆷᄀᆞᆺᄉᆞ외다 ᄇᆞᆯ셔 別世ᄒᆞ신 사ᄅᆞᆷ 일이야 이제 닐러 ᄇᆞ절 업×사ᄉᆞ[○ᄉᆞ]오되 별ᄎᆡ가 멀리 외방의 겨시다가 /2:18a/天喪을 만나시니 그 情裡을 ᄉᆡᆼ각ᄒᆞ오면 不祥ᄒᆞ여 말이 나지 아니ᄒᆞ외이다 즉시 올라가려 ᄒᆞ시ᄋᆞᆸᄂᆞᆫ가 成服 지낸 후예 올라가려 ᄒᆞ시ᄋᆞᆸ던가 脫喪前의ᄂᆞᆫ 못 뵈올가 더욱 블샹ᄒᆞ외이다

別差の件、そのような驚くべきことはございません。何の病気でそのように思いがけず不幸に遭われたのですか。私どもは伺いまして実の事でないようで夢のようでございます。もはや死去された人のことは今更申しても仕方のないことですが、別差は遠く地方にいらっしゃって父の喪に遭われましたので、その心を思いやれば、かわいそうで言葉が出ません。早速上京しようとなさるのでしょうか。成服すごした後に上京しようとなさっておられましたか。喪が明ける前にはお目にかかれないかと思い、いよいよ気の毒に存じます。

[第96条][訳:2:18b]그러ᄒᆞ외 별ᄎᆡ가 어제 오ᄂᆞᆯᄭᆞ지 同居ᄒᆞ여 일을 ᄒᆞᆫ가지로 ᄒᆞ다가 천만 意外의 喪事 奇別이 와셔 痛哭ᄒᆞ여 여긔 일을 다 ᄇᆞ리고 오ᄂᆞᆯ 본부의셔 바로 ᄯᅥ나가니 그런 블/2:19a/샹ᄒᆞᆫ 일이 ×어어[○어]이 잇ᄉᆞ올고 그 긔별이 어제 낫이나 되일 만 ᄒᆞ여셔 왓시되 宴廳의 그 말 내기 重難ᄒᆞ여 연향 罷ᄒᆞᆫ 後 ᄯᅩ 以酊庵 上船宴 일을 依托ᄒᆞ여 더브러 올라가셔 厥{궐} 兄이 本府의 잇ᄂᆞᆫᄃᆡ 各發喪 ᄒᆞᄂᆞᆫ 거시 엇더ᄒᆞᄋᆞᆸ기로 ᄒᆞᆫ가지로 올라 가쟈 ᄒᆞ고 ᄒᆞ되 별ᄎᆡᄂᆞᆫ 그적긔 밤의 舘守의셔 過飮ᄒᆞ고 夜深ᄒᆞ여 나가오매 아마 ᄀᆞᆺᄇᆡ라 ᄒᆞ고 아니 가려 ᄒᆞᄂᆞᆫ 거ᄉᆞᆯ 계유 <소>긔다가 오ᄂᆞᆯ 올라 오라 ᄒᆞ고 使道가 분부ᄒᆞᄋᆞᆸ셔 우리 둘이 分付을 맛다시니 둘이 ᄒᆞᆫ가지로 올라 가와셔 以酊庵 宴享이 되게 ᄒᆞ엿ᄂᆡ ᄒᆞ고 달라여/2:19b/ ᄒᆞᆫ가지로 올라 가셔 게셔 그 말을 發ᄒᆞ니 망극ᄒᆞᆫ 형상을 어이 다 니ᄅᆞ올고 그리 ᄒᆞ여셔 오ᄂᆞᆯ ᄯᅥ나 올라 가니 나도 그 두 상인이 ᄯᅥ나 가ᄂᆞᆫ 양이나 보고 ᄂᆞ려 오려 ᄒᆞ엿더니 여긔 일이 졈〻 더ᄃᆡ매 몬져 니별ᄒᆞ여 ᄂᆞ려 ×왓욋[○왓]ᄉᆞᆸ거니와 져 사ᄅᆞᆷ들 형상을 보오니 하 블샹ᄒᆞ여 ᄇᆞᄃᆡ 됴셥ᄒᆞ여 먼 길 平安히 가소 ᄒᆞ고 ᄌᆞ연히 눈물이 나 서로 말이 나지 아니 ᄒᆞ엿더니 그 사ᄅᆞᆷ도 망극ᄃᆞᆺ 우리 손을 잡고 ᄇᆞᄃᆡ

몸이나 平安히 지내쇼 나ᄂᆞᆫ 이 상듕을 보존ᄒᆞ여 다시 힝슈ᄭᅴ 뵈ᄋᆞᆸ기을 定지 못ᄒᆞᆯ가 시픠라 ᄒᆞ고 울고 계유 니/2:20a/별ᄒᆞ다가 이리 ᄂᆞ려 오ᄂᆞᆫ 길×히[○ᄒᆡ]셔 그ᄒᆞ던 말과 그 情意을 ᄉᆡᆼ각ᄒᆞ여 馬上의셔 ×흠[○홈]자 울며 ᄂᆞᆺ츨 ᄀᆞ리와 ᄂᆞ려 왓ᄉᆞᆸᄂᆡ 그 병환 증셰을 드ᄅᆞ니 본ᄃᆡ 宿疾이 잇ᄂᆞᆫᄃᆡ 칠월 그믐 날부터 痢疾을 어더初八日부터 더욱 加添ᄒᆞ여 초열×훌[○흘]날의 업ᄉᆞ오시다 ᄒᆞ오니 아마 六十 남언老人이 痢疾을 ×앏[○앓]ᄉᆞ오시매 支撑치 못ᄒᆞ시고 업ᄉᆞ오신가 시프되 그런 不祥ᄒᆞᆫ 일이 업ᄉᆞ외 블셔 업ᄉᆞ와신 사ᄅᆞᆷ이야 어이 ᄒᆞ올가 마ᄂᆞᆫ 그 抱病ᄒᆞᆫ 別差가 할어마님 脫服도 못 ᄒᆞ온ᄃᆡ 또 큰 상황을 만/2:20b/나 가니 아마 ×만[○먼] 길을 痛哭하여 올<라> 가 与保긔 어려올가 ᄒᆞ여 念慮 적지 아니 ᄒᆞ외이다

さようでございます。別差か昨日今日まではいっしょにおりまして、仕事をいっしょにしていましたのに、千万思いがけず、喪の便りがまいりまして、痛哭して、ここの仕事を皆打ち捨て、打捨て　今日東莱より直に出発しましたが、そんなむごい事がどこにございましょうか。その便りが昨日昼にもなろうかという時分になって参りましたが、宴庁でそのことを言い出すことが成り難く、宴席が済んだ後、また以酊庵の上船宴のことにかこつけて、いっしょに（東莱府へ）登り、きゃつの兄が本府（東莱府）におりますので、別々に喪を発するのもいかがでございますので、いっしょに（東莱府へ）登ろうと申しても、別差は、おとついの夜に館守の所で飲みすぎて、夜ふけて帰ったので、どうも疲れたと申して、行かないというのを、ようやくだまして、今日登てこいと、東莱府使が仰せつけられて、我々両人申付をうけたまわったのだから、両人いっしょに（東莱府に）登てこそ以酊庵使の宴が済むようになっているのだと言って、なだめすかして、いっしょに（東莱府へ）登て、そこでそのことを言い出しました。そのむごいようすをどうして言いつくせましょうか。そのようにして、今日出発して上京しましたが、私もその両人の出発するようすなりとも見てから（倭館へ）下ってこようと思いましたが、ここ（倭館）の仕事がだんだん延引しますので、先に別れて下ってまいりましたけれども、あの人たちのようすを見まして、あまりにもかわいそうで、なにとぞ養生して遠路を平安にお行きなさいと言って、自然と涙が出まして、互いに言葉が出ないでおりました。別差もなげきの内に私の手をとって、なにとぞお体ご平安にお暮らしなされませ、私はこの喪の内をまもりまして、ふたたび御前にお目にかかりますことを定めることはできないかと存じますと言って、泣いてようやく別れまして、ここへ下ってくる道すがら、その申されました言葉とその心中を思いやりまして、馬上でひとりで泣き、顔をおおって（倭館へ）下って参りました。その病症を聞きますに、もともと持病のあったところに、7月晦日痢疾を得て、（8月）8日よりいよいよひどくなり、（8月）10日になくなられたと言います。どうやら60を越えた老人が痢疾をわずらわれましたので、もちこたえられずになくなられましたようですが、そのようなむごいことはございません。もはやなくなられた人はどうすることもできませんが、あの多病な弱い別差が祖母の服も明けないところに、また、大いなる喪に遭って行くので、おそらく遠路を痛哭して上京するので、どんなにこたえるかと気遣いが少なくありません。

[第97条][訳:2:23a]시방 듯ᄌᆞ오니 편×지[○치] 아니 겨시다 ᄒᆞ오니 시방 엇더나 ᄒᆞ시오리잇가 오ᄂᆞᆯ은 差備官 더브러 별×처[○치] ᄒᆞᆫ가지로 드러 올 ᄃᆡ 意外의 別差가 遭喪ᄒᆞ오매 우리 이리 늣게야 드러 오올 ᄲᅮᆫ 아니라 差備官도 별치 四寸ᄉᆞ이오매 오ᄂᆞᆯ 드러 오지 못ᄒᆞ고 初相接도 졈〻 迂延ᄒᆞ여 미안ᄒᆞ오매 뵈ᄋᆞᆸ고 이런 ᄉᆞ연도 ᄒᆞ오×머[○며] 日限도 머지 아니 ᄒᆞ오니 위션 禮單 茶禮ᄒᆞ올 날을 뎡ᄒᆞ여 놋고 바로 그 날/2:23b/의 差備官이 初相接 겸ᄒᆞ여 ᄒᆞᄋᆞᆸ게 ᄒᆞ오면 엇더ᄒᆞ올가 ᄒᆞ여 믓ᄌᆞᆸ쟈 혼자 드×더[○러] 왓ᄉᆞᆸᄂᆡ이다 上船宴도 그 ᄉᆞ이 彼此無故ᄒᆞᆫ 날의 지내려 ᄒᆞᄋᆞᆸ시면 미리 接慰官씌 왕복ᄒᆞ여야 ᄒᆞ세 ᄒᆞ엿ᄉᆞ오니 ×이니[○어늬]날 쓰음의 ᄒᆞ려 ᄒᆞ시ᄋᆞᆸᄂᆞ니잇가 알고 가고져 ᄒᆞᄋᆞᆸᄂᆡ
ただいま御聞きしますと、お体の調子がよろしくなかったそうですが、ただいまはいかがでございましょうか。今日は馳走訳（差備官）ともども別差もいっしょに（倭館に）入って来るはずのところ、思いがけず、別差が喪に遭いましたので、私もこのように遅くに入って来ますのみならず、馳走訳にも別差従弟の間柄でございますので、今日入って来れませんで、初御対面もだんだん延引いたしまして申し訳ございませので、お目にかかりまして、このようなわけも申し上げて、日限も遠くありませんので、まず御返簡入（礼単茶礼）の日を決めておいて、じかにその日に馳走訳が初御対面を兼ねておこなうようにしましたらばどうでしょうかとお尋ねしようと、ひとりで（倭館に）入って参りました。出いはち（上船宴）もそのうち双方差し支えのない日になさそうとなされば、かねて接慰官におかれては日帰り（往復）でおこなおうとおっしゃっておられますので、いつごろになさろうとなされますか、承って帰りたく存じます。

[第98条][訳:2:24b]ᄒᆞ신 말ᄉᆞᆷ ᄌᆞ시 드럿ᄉᆞᆸᄂᆡ이다 별치가 意外의 訃音 드러신다 ᄒᆞ오니 그런 일이 업ᄉᆞ외이다 그러ᄒᆞ매ᄃᆞ라 이리 누즉ᄒᆞ여 드러 오×신올[○실/시올?] ᄲᅮᆫ 아니라 差備官게셔도 外三寸 服制을 만나시매 오ᄂᆞᆯ ×못ᄒᆞ[○못]/2:25a/오ᄋᆞᆸ시다 ᄒᆞ오니 섭〻ᄒᆞᄋᆞᆸ고 그런 블샹ᄒᆞᆫ 일이 업ᄉᆞ외이다 초샹졉은 못ᄒᆞ오나 日限도 졈〻 갓가와시니 爲先 礼單 茶礼ᄒᆞᆯ 날이나 알고 가<쟈> ᄒᆞ시니 그리ᄋᆞᆸ새이다 ×듯[○드]럿ᄉᆡ이다 밧긔 연괴 업스면 열아흐련날 드리게 ᄒᆞᄋᆞᆸ시고 差備官의게 礼

單 茶礼前의 相接ᄒᆞᄂᆞᆫ 거시 녜 부터 ᄒᆞ여오ᄂᆞᆫ 규귀오매 브ᄃᆡ 일즉 드러 오시게 ᄒᆞᄋᆞᆸ소 上船宴도 梁山ᄭᆞ지 往復ᄒᆞ여 ᄒᆞ신 일이오매 브ᄃᆡ 미리 아ᄅᆞ시게과쟈 ᄒᆞ신 거시 맛당도 ᄒᆞᄋᆞᆸ고 우리도 日限이 臨迫치 아닌 젼의 지낸 거시 /2:25b/좃ᄉᆞ오매 接慰官ᄭᅴ 緣故 곳 업ᄉᆞ오면 二十三四日 {스므사흘나흘} 이 두 날 즁의 ᄒᆞ고져 ᄒᆞ오니 그리 ×일[○알]고 가시다 여부을 ᄀᆡ별ᄒᆞᄋᆞᆸ소
おっしゃられたお言葉委細承りました。別差が思いがけず訃報を御聞きになったそうで、そのようなむごいことはございません。そのようなわけで、このように遅くに入館なさるのみならず、差備官にも母方の叔父の喪に遭われましたので、今日入館なされないとのことで、残念でかようなかわいそうなことはございません。初対面はできませんけれども、日限もだんだん近づいてまいりますので、まず御返簡入（礼単茶礼）の日取なりとも御聞きになってお帰りになろうとおっしゃいますので、そうしましょう。承りました。外面（朝鮮側）に差し支えがなければ、19日に入れるようにしてください。馳走訳（差備官）にも御返簡入り（礼単茶礼）前に対面するのが昔よりしきたりの例式でございますので、なにとぞ早く入館なさるようにしてください。出宴席（上船宴）も梁山まで日帰り（往復）でなさることなので、なにとぞあらかじめお知らせくださいとおっしゃられるのはごもっともでござり、我々も日限のさしつまらぬうちに済ませるのがようございますので、接慰官にお差し支えさえなければ、23, 4日この両日内にいたしたく存じますので、左様御心得くださって、お帰りになって、如何をお便りください。

[第99条][訳:2:26b]여러날 ᄉᆞ이 뵈ᄋᆞᆸ지 못ᄒᆞ엿ᄉᆞᆸ더니 평안히 계ᄋᆞᆸ시더니잇가 우리도 어제 萬松院 연향 後 東萊 올라가ᄋᆞᆸ다가 앗가 바로 관으로 드러왓ᄉᆞᆸᄂᆡ이다 여긔 上/2:27a/船宴 일로 ᄒᆞ여 어제 宴享 파ᄒᆞᆫ 후 알외오니 ᄉᆞ도ᄭᅴ셔 ᄒᆞ시기을 오ᄂᆞᆯ도 일즉 ᄂᆞ려오려 ᄒᆞ다가 못ᄒᆞ여 계유 扶病ᄒᆞ여 ᄂᆞ려와셔 오ᄂᆞᆯ 宴享은 계유 무ᄉᆞ이 지내오나 ᄂᆡ일 또 ᄂᆞ려오쟌 말을 이제 어이 定ᄒᆞ올고 올라셔 오ᄂᆞᆯ밤이나 보와셔 對答ᄒᆞ마 ᄒᆞ고 그리 니ᄅᆞ시매 우리들도 심히 ᄀᆞᆺ브와 견ᄃᆡ지 못ᄒᆞ오나 使道 힝ᄎᆞ ᄒᆞ신 후 逐後ᄒᆞ여 올라가셔 오ᄂᆞᆯ 앗ᄎᆞᆷ의 드러가 다시 엿ᄌᆞ오니 아마 답〻ᄒᆞ여 ᄒᆞ시고 니ᄅᆞ시되 以酊庵 正官 第四船 正官이 /2:27b/오래치 아녀 드러가시다 ᄒᆞ고 爲ᄒᆞ여 上船宴 셜힝ᄒᆞ온ᄃᆡ 참예 못ᄒᆞᄋᆞᆸ기 극히 섭〻ᄒᆞ오되 넌ᄒᆞ여 편×지[○치] 못ᄒᆞ온ᄃᆡ 학×칠[○질] 어더셔 여러날 알×고[○코] 음식을 잘 먹지 못ᄒᆞ오매 氣運×히[○이] 大脫ᄒᆞ여 {落チマシテ} 어제 부러 각별거×벅[○북]ᄒᆞ니 그 辞縁을 正官ᄂᆡ게 極盡히 ᄉᆞᆯ오라 分府ᄒᆞ여 계시오매 이런 일이나 ᄉᆞᆲ쟈 왓ᄉᆞ오니 아모커나 짐쟉ᄒᆞᄋᆞᆸ셔 釜山 獨行으로 지내ᄋᆞᆸ시게 ᄒᆞ여 주시면 다힝ᄒᆞ올가 ᄒᆞᄋᆞᆸᄂᆡ이다
数日の間、お目にかかれずにおりましたが、御平安でいらっしゃいましたか。我々

も昨日萬松院使宴席後東莱へ登りまして、先刻直に館へ入って参りました。ここの出宴席（上船宴）のことについて昨日宴席が済みました後に申しましたところ、東莱府使の申されまするは、今日も早く（倭館に）下って来ようとしてもどうもならずに、ようやく病をおして（倭館に）下って来て、今日の宴席はようやく無事に済んだけれども、明日また（倭館に）下って来ようということを今どうして決められるだろうか、（東莱へ）登って、今宵のようすなりとも見てから返答しようと、そふ申されましたので、我々にも甚だ疲れまして耐えられないのですが、東莱府使の立たれましたあとから追いかけて（東莱へ）登りまして、今朝（東莱府へ）参ってまたまた申し入れましたところ、ことのほか難儀がられまして、申されまするは、以酊庵正官第四船正官が遠からず帰国なさるということでその為に出宴席（上船宴）を設けまするところに、御参会できないのは至極残念ですが、打ち続き不快にございますところ、おこり病（瘧疾）にかかりまして、数日病みまして、食べ物をよう食べられないので、元気がなくなりまして、昨日より格別気分が悪いので、そのわけを正官方へ委細に申し上げよと、言い付けなさいましたので、このようなことなりとも申し上げようと参りましたので、なにとぞ御了簡なさいまして、釜山僉使だけでとりおこなうようにしてくだされたらば、幸甚に存じます。

[第100条][訳:2:29a]仔細 드럿ᄉᆞᆸᄂᆡ이다 우리 日限도 不過 四五日의 되ᄂᆞᆫᄃᆡ 상션연 ×화[○회]답을 아니 ᄒᆞ시매 못 기ᄃᆞᆯ라 ᄒᆞ엿ᄉᆞᆸ더니 이리 드러ᄋᆞᆸ시니 다ᄒᆡᆼᄒᆞ여 ᄒᆞᄋᆞᆸ거니와 /2:29b/東萊 令監이 병환이 겨시다 ᄒᆞ오니 沓々ᄒᆞ외이다 우리 日限이 迫頭지 아니 ᄒᆞ올 양 ᄀᆞᆺᄉᆞ오면 나아신 양이나 보고 ᄒᆞ쟈 ᄒᆞ련마ᄂᆞᆫ 日限이 거의 ᄎᆞ게 되엿ᄉᆞ오니 {已ニ　ミチマスルヤヲニ} 이런 민迫ᄒᆞᆫ 일이 업ᄉᆞ외 천만 못ᄒᆞᄂᆞᆫ 노로시오나 이제 病患 낫ᄉᆞᆸ시기을 기ᄃᆞᆯ리쟈 ᄒᆞ오며ᄂᆞᆫ 貴國 弊도 젹지 아니ᄒᆞ올 거시오 任官ᄂᆡ도 민망ᄒᆞ실가 시프오니 이제 변통ᄒᆞ고져 ᄒᆞ오되 이런 規外 일은 館守의도 議論ᄒᆞ여야 ᄒᆞ올 거시니 이제 의논ᄒᆞ여 ᄃᆡ답ᄒᆞ게 ᄒᆞᄋᆞᆸ새이다 혹 議論 合當ᄒᆞ여 独参으로 ᄒᆞ/2:30a/게 되×연[○면] 연향은 스므날의 ᄒᆞ게 ᄒᆞ엿ᄉᆞ오니 그리 아ᄋᆞᆸ소 ᄋᆞᆺ가 役人 말을 드ᄅᆞ니 陸物 未收도 잇ᄉᆞ올 ᄲᅮᆫ 아니라 아직 필하ᄒᆞ실 것도 잇다 ᄒᆞ오니 비록 스므날 定ᄒᆞᆫ다 사×아[○마] 일을 ᄆᆞᆺ지 못 ᄒᆞ여ᄂᆞᆫ 宴享은 못 ᄒᆞ게 ᄒᆞ엿ᄉᆞ오니 오ᄂᆞᆯ 나가시면 그 ᄎᆞ지ᄒᆞᆫ 놈들게도 ᄇᆡᄌᆞ나 ᄒᆞᄋᆞᆸ소

委細承りました。我々日限もわずか4, 5日になりましたのに、出宴席（上船宴）の返事をなされないので、待ちかねておりましたが、このように入館なさいましたので、珍重に存じますが、　東莱府使が御病気とのことで心配でございます。我々日限が迫らない状況であれば、ご快復のようすなりとも見合わせましていたしましょうと申し上げましょうが、日限がすでに満ちるほどになりましたので、このような難儀なことはございません。とても良くないしわざではございますが、いだいま病気のご快復を待とうといたしましたら、貴国のご迷惑も少なくないでしょうし、任官方も難義なさるかと存じますので、ただいま融通いたしたく存じますけれども、このような規外のことは、（倭館）館守にも相談いたさなければなりませんので、まず相談して御返答するようにいたしましょう。もしも相談が合いまして、（釜山僉使）ひとり出席にていたしますようになりましたら、宴席は20日にするつもりですので、そのように御心得ください。最前役人の言うことを聞きますと、陸物の未収もあるのみならず、まだ皆済なさるべきものもあると言いますので、たとえ20日に決めたとしても、諸事相済まなければ、宴席はできないでしょうから、今日お帰りになったら、その担当の者どもに言いつけてください。

[第101条][訳:2:31b]이×러[○리] 비도 오ᄋᆞᆸ고 날도 져므러 가온ᄃᆡ ᄃᆞ녀 가ᄋᆞᆸ×노[○소] ᄒᆞᄂᆞᆫ 거시 다ᄅᆞᆫ 일이 아니라 茶禮後 오래오매 우리 進上×언연[○연] 일을 ᄒᆞ실가 기ᄃᆞ려 잇ᄉᆞ오되 茶礼 ᄒᆞ엿지 두서 ᄃᆞᆯ이나 넘도록 {過ギマスル迄} 아모 말도 아니 ᄒᆞ시니 正官겨ᄋᆞᆸ셔 알고져 ᄒᆞ시매 이리 쳥ᄒᆞ엿ᄉᆞᆸᄂᆡ 進上宴後의 宴享도 여러 가지 잇ᄉᆞ오매 스므날의 以酊庵 上船宴 지내시면 스므ᄒᆞᄅᆞᆫ날이나 스므사흘 날 즁의 우리 진샹연 지내/2:32a/게 ᄒᆞᄋᆞᆸ새이다 그 세 날의 혹 못ᄒᆞ오면 二十七日 八日 밧근 이 ᄃᆞᆯ의 무고ᄒᆞᆫ 날이 업ᄉᆞ오니 任官ᄂᆡ도 ᄉᆞᆯ펴 이리 되게 ᄒᆞᄋᆞᆸ소
このように雨も降り、日もくれつつあるのに、お立ちよりくださいと申しますのは、ほかでもございません。茶礼の後久しくございますので、我々の封進宴（進上宴）のことをおっしゃられるかと待っておりますのに、茶礼をしてから2,3ヶ月も過ぎるまで、何のお話もなさらないので、正官におかれても御聞きなされたいとおっしゃいますので、かように相招きました。進上宴の後に宴席もいろいろとございますので、20日に以酊庵使の出宴席をなさいましたら、21日になりとも、23,24日の内に、我々の封進宴（進上宴）を済ませるようにいたしましょう。その３日にもしもできなければ、27,8日のほかには、この月で差し支えのない日はありませんので、任官方もご了簡くださり、事の成る様にしてください。

[第102条][訳:2:32b]ᄒᆞᄋᆞᆸ신 말ᄉᆞᆷ이 낫나×지[○치] 올ᄉᆞ오되 우리 任官인들 여긔 연향 ᄉᆡᆼ각이야 어이 업ᄉᆞ오리잇가 마ᄂᆞᆫ 日限이 /2:33a/갓가온 연향들이 ×졈졈[○졉〻]ᄒᆞᄋᆞᆸ기로 그를 몬져 지내쟈 ᄒᆞ엿ᄉᆞ오매 ᄎᆞ〻 쳔연ᄒᆞ엿ᄉᆞᆸ거니와 이제ᄂᆞᆫ 스므날의 以酊庵 宴享 지내면 여긔 연향밧긔 달리 급ᄒᆞᆫ 연×햑[○향]도 업ᄉᆞ오매 스므사흘 나흘이 두 날은 前期가 ×앗[○잇]ᄉᆞ오니 못ᄒᆞ올 ᄲᅮᆫ 아니라 東萊 令監씌셔도 ᄯᅩ 병환히 復發ᄒᆞ여 以酊庵 宴享의도 參詣치 못ᄒᆞ×지[○시]기의 두 날 ᄉᆞ이 병셰

을 보와가며 아ᄅᆞ시게 ᄒᆞ오리이다 나도 ᄇᆞᆯ셔부터 ᄂᆞ려올 거ᄉᆞᆯ 셔울셔 병드러 적이 나아 계유 길은 무ᄉᆞ히 ᄂᆞ려 왓ᄉᆞ오나 먼 /2:33b/길의 잇×지[○치]여 오매 병이 再發ᄒᆞ여 도로 連ᄒᆞ여 알고 지내오매 즉시 드러 와 보ᄋᆞᆸ지 못ᄒᆞ여 요ᄉᆞ이야 져기 ×아[○나]앗ᄉᆞ오매 告還使의 初相接도 ᄒᆞ고 傳語官내도 반가히 뵈ᄋᆞᆸ쟈 ᄒᆞ고 맛ᄌᆞ와ᄉᆞᆸ더니 意外의 別差가 ×ᄀᆞᆺ[○ᄀᆞᆽ]기기로 ᄒᆞ여 맛ᄌᆞᆫ 날의 初相接도 못 ᄒᆞ오매 오ᄂᆞᆯ 成服 지내고 假差 傳令을 ᄒᆞ시매 現身ᄒᆞ고 바로 이리 드러 왓ᄉᆞᆸ거니와 우리 어마님긔셔도 同生이 그리 罷ᄒᆞ시매 그 情境을/心ヲ/ 멀리 ×ᄉᆡᆫ[○ᄉᆡᆼ]각ᄒᆞ면 나도 즉시 올라 가셔 뵈ᄋᆞᆸ고 위로ᄒᆞᄂᆞᆫ 거시 子之道의 /2:34a/所當ᄒᆞ오되 나라 일을 맛다 와셔 아직 쥰ᄉᆞ을 못 ᄒᆞ오매 오ᄂᆞᆯ 禮單 茶禮나 지내면 告還使의 그 ᄉᆞ연을 ᄒᆞ여셔 올라 가려 ᄒᆞᄋᆞᆸ거니와 ᄉᆞ토씌셔 못 ᄒᆞᆯ다 ᄒᆞ실가 시프오오니 이런 뉴텨ᄒᆞᆫ 일의 업ᄉᆞ외 ᄆᆞ음이 ×어듯[○엇더]ᄒᆞᆯ가 시프온가

おっしゃいましたお言葉、一々ごもっともに存じますが、我々任官とてここの御宴席の考えがどうしてないはずがありましょうか。けれども、日限の近い宴席が重なっておりますので、それを先に済ませようとしましたので、だんだん延引しましたけれども、ただいまでは20日に以酊庵使の宴席を済ませれば、ここの宴席のほかには別に急な宴享もございませんので、23,4日この両日は前納（前期）がございますので、できないのみならず、東莱府使におかれてもまた病気がぶりかえしまして、以酊庵使の宴享にもご参席なされることができませんので、5,6日の間病勢を見つくろいまして、お知らせするようにいたしましょう。私ももっと早くに（倭館に）下ってくるはずのところを、都で病気にかかり、少し回復して、ようやく道中は無事に（東莱へ）下って来ましたけれども、遠路に疲れましたので、病気が再発して、また打ち続いて病んで過ごしておりましたので、早速入館して会うことができず、このほど少々快復いたしましたので、告還使に初て御対面もし、通詞（伝語官）方にもうれしくお目にかかりましょうと申し合わせおきましたところに、思いがけなく、別差が不幸に遭われましたので、御約束の日に（告還使へ）初対面もできず、今日成服相済みまして、仮役の伝令がございましたので、お目にかかって直にここへ入館して参りましたけれども、私の母にも弟がかように相果てられましたので、その心を遠くより思ひやれば、私も早速上京してまみえる慰めますのが子の道でございますが、公儀の仕事を奉って参って、まだ相済みませんので、今日御返簡（礼単茶礼）なりとも済みましたら、告還使にそのわけを申して上京しようと存じますけれども、東莱府使よりならぬと申されますでしょうから、このような難儀なことはございません。（私の）心がどのようであろうかと思われますか。

第７課　「惜陰談」

【本文】

[1][惜陰談:2:1b][日] 져적 니ᄅ시던 赴京ᄒᆞᄂᆞᆫ 使者의 各名은 아/오되 무슴 緣由로 가ᄂᆞᆫ 줄 모ᄅ/로/오니 仔細 알과/져 ᄒᆞᄋᆞᆸᄂᆡ /

[日] この前おっしゃっておられた赴京の使者のそれぞれの名前はわかりましたが、いかなるわけで行くのかわかりませんので、詳しく知りたいと存じます。

[朝] 皇暦使ᄂᆞᆫ 暦書ᄅᆞᆯ 請ᄒᆞ여 가ᄂᆞᆫ 使臣이/ᄋᆞᆸ고 譯官一員과 商賈三四人 家丁拾七/2:2a/八名 ᄃᆞ리고 每歳 八月 念間의 發程ᄒᆞ여 十/二月 初旬의 歸朝ᄒᆞᄋᆞᆸ고（後略）

[朝] 皇暦使は暦書を受取りに行く使臣であり、譯官一員と商賈三四人、家丁拾七八名 引き連れ、每歳八月末に出発して十二月初旬に歸朝し、(後略)

[2][惜陰談:2:4a][日] 五刑을 擧行ᄒᆞ신 法은 져ᄣᅢ도 드ᄅᆞᆸ거니와 /그 杖罪도 應當 여러 가지 이실 ᄃᆞᆺᄒᆞ오매 ᄌᆞ셔/ᄒᆞᆫ 일 알코져 ᄒᆞᄋᆞᆸᄂᆡ /

[日] 五刑を挙行する法はこの前も承りましたが、その杖罪もきっといろいろな種類があるように思いますが、詳しいことを知りたいと存じます。

[朝] ᄒᆞ신 대로 여러 가지 잇ᄉᆞᆸ고 亂杖 刑問 [打?]臀/ 撻艸 杖罪數ᄂᆞᆫ 이러ᄒᆞᄋᆞᆸ고 ᄯᅩᄒᆞᆫ 兩班ᄂᆡ 重/ᄒᆞᆫ 罪나 이실 ᄢᅢᄂᆞᆫ 毒死ᄒᆞᄂᆞᆫ 法도 잇ᄉᆞᆸᄂᆡ /

[朝] おっしゃるとおり、いろいろありまして、亂杖、刑問、[打?]臀、撻艸、杖罪の數はこのとおりであります。また、歴々方に重い罪などがある時は毒死する法もあります。

[3][惜陰談:2:10a][日] 大抵 朝市ᄂᆞᆫ 己酉年의 排設ᄒᆞᄋᆞᆸ시고 其時의ᄂᆞᆫ /2:10b/老女도 ᄃᆞᆫ녀매 館中 사ᄅᆞᆷ이 衣服 셔답도 시기고 /윈간 일을 ᄒᆞ오니 ᄀᆞ장 됴ᄉᆞᆸ건마ᄂᆞᆫ 구후 癸/巳年 쓰음의 老女 오기ᄅᆞᆯ 막어시되 朝市ᄂᆞᆫ 朝/廷 盛意의셔 나ᄂᆞᆫ 거시오매 還舊ᄒᆞ시과져 ᄒᆞ/ᄋᆞᆸᄂᆡ /

[日] そもそも朝市は己酉年に設置なさり、その時には老女もやって来て館中の人が衣服の洗濯もさせあらゆる仕事をするのでたいへん良かったのですが、その後、癸巳年ころに老女が来るのを禁止なさったのですが、朝市は朝廷の盛意より出ずるものですので、旧に復してくだされたく存じます。

[朝] 우리는 새로 느려왓ᄉᆞ오니 그 事緣을 ᄌᆞ셔 /모로오매 同官들의 議論ᄒᆞ여 後日의 죠/2:11a/흘 道理를 擧行ᄒᆞ게 ᄒᆞ옵새이다 /
[朝] 私は新たに赴任して来ましたため、そのわけは詳しく知りませんので、同官たちに相談して後日良いようにとりおこなうようにいたしましょう。

[4][惜陰談:2:11a][日] 以前은 歲末歲饌의 牛肉[　　] 와 보내시되 지낸 /乙巳年부터 除ᄒᆞ여 보내신 일이 ᄀᆞ장 如何ᄒᆞ오며 /牛肉은 본ᄃᆡ 莫重ᄒᆞᆫ 禮節之物이니 以前쳐/로 牛肉을 와 보옵셔 [　　] 歲饌도 有貴ᄒᆞ올/가 ᄒᆞ옵ᄂᆡ
[日] 以前はお歳暮に牛肉[　]送ってくださったのですが、去る乙巳年から除いてお送りになるのはまことにいかがかと存じます。牛肉は本来極めて重い礼節の物ですので、以前のように牛肉をお送りくださ[れば]お歳暮も尊きものとなるかと存じます。
[朝] 말솜 드릿ᄉᆞ오며 언제부터 그리 되옵는지 /2:11b/ᄌᆞ시 曲折도 모로오매 나간 후에 [　　]ᄒᆞ여 /보올 거시니 그리 아옵쇼셔
[朝] お言葉承りました。いつからそのようになったのか、詳しくいきさつも知りませんので、出かけた後に[　]してみますので、そのように御心得くださいませ。)

[5][惜陰談:2:13a][日] 以前의 有田何某公 裁判의 當ᄒᆞ여 계실 적/의 某處 宴享이 이셔 東萊府使 大廳의 參/詣ᄒᆞ여 계신ᄃᆡ 그 날 ᄇᆡ가 오ㅅ며 或 有田은 아니 /오ᄅᆞ신지 무러시더니 막 오ᄅᆞ시며 그러ᄒᆞ면 쉬이 /下陸ᄒᆞ시거든 오래만의 만나 보려 ᄒᆞ옵시니 즉제 /그대로 奇別ᄒᆞ온ᄃᆡ 좃ᄌᆞ ᄇᆡ롤 ᄂᆞ련 김의 大廳의 /2:13b/나와 東萊府使예 面稟ᄒᆞ여 書契 보내더니 바로 /바ᄃᆞ시고 洪知事 同心ᄒᆞ여 幹事 議論을 ᄒᆞ신단 /말 前記錄의도 이셔 果然 親ᄒᆞᆫ 事情이 아니온가 /
[日] 以前、有田何某公が裁判に当たっておられたときに某所の宴会があって東萊府使が大廳に参っておられたのですが、その日船が参りました。或いは有田は乗っていらっしゃらないかとお尋ねになりましたところ、丁度乗っておられました。それならば、早々に下陸なされたらば、久しぶりに会おうとおっしゃいましたので、ただちにその通り連絡しました。続いて、船を降りたその足で大廳にお出ましになり、東萊府使にお目にかかって書契を送ったところ直にお受け取りになり、洪知事もいっしょに重要事項を議論なさったという話が以前の記録にもありますので、まことに親しいことではありませんか。
[朝] ᄒᆞ옵신 말솜 드릿ᄉᆞ오며 과연 그런 일이 잇/는 것도 常時의 願ᄒᆞ오되 彼此 時節이 轉變/도 잇ᄉᆞ오니 時方 네×되[○대]로 ᄒᆞ쟈 ᄒᆞ온들 任意로 /못ᄒᆞ오매 다만 此後나 交隣之間의 疎隔이 업/2:14a/게 ᄒᆞᆯ 밧근 업ᄉᆞᆸ거니와 그런 말솜은 ᄆᆞ옴

의 /죄오고 잇ᄉᆞ와 새로온 일을 거행ᄒᆞᄂᆞᆫ 거시 둇/ᄉᆞ오되 첩ᄋ히 熟手端의 말솜은 果然 感激/이야 測量히 업ᄉᆞᆸᄂᆡ /
［朝］おっしゃられたお言葉承りました。まことにそのようなことがあることも常々願っていることではありますが、かれこれ時節の轉變もあり、今すぐに昔のとおりにしようとしても意のままにできませんので、ただこの後にでも交隣の間に疎隔なきようするしかありませんが、そのようなお話は肝に銘じていて新たなことをとりおこなうのがよろしいでしょう。重ね重ねご懇ろなお言葉はまことにかたじけなきこと計りしれません。

[6][惜陰談:2:14a]［日］以前 首通事가 別差ᄅᆞᆯ 當ᄒᆞ여 參宴ᄒᆞᆫ 때ᄂᆞᆫ /布로 冠帶ᄅᆞᆯ ᄆᆡᆫ들고 竹로 沙帽ᄅᆞᆯ ᄒᆞ다가 그/거시 時方 通廳의 傳ᄒᆞ다 ᄒᆞ오니 올ᄉᆞ오니잇가 /
［日］以前首通事が別差を担当して參宴する時は、布で冠帶を作り、竹で沙帽を作っていて、それが今も通廳に伝わっているそうですが、本当ですか。
［朝］/2:14b/니ᄅᆞ시ᄃᆞ시 그 때에ᄂᆞᆫ 그런가 시브오되 아직 우리 /보들 아니ᄒᆞ오니 時方 그 廳이 잇다 ᄒᆞᄋᆞᆸᄂᆡ /
［朝］おっしゃるとおり、その時はそのようであったようです。まだ私は見ていませんが、今もその廳にあるそうです。

[7][惜陰談:2:15a]［日］丙辰年 봄의 餘寒히 甚ᄒᆞ여 죠개 부지에 毒/이 잇단 말을 듯고 즉시 士正公 本府의셔 브러 /2:15b/ᄂᆞ려와셔 館中의 알게 ᄒᆞ시되 그런 거슬 부ᄃᆡ /朝市軍들이 드리지 말라 嚴히 分付ᄅᆞᆯ ᄒᆞ/여시되 賤民이란 거ᄉᆞᆫ 興利ᄅᆞᆯ 貪ᄒᆞ여 ᄒᆞᄂᆞᆫ /거ᄉᆞᆫ 彼此 다ᄅᆞ지 아니하오니 그 일은 念慮ᄒᆞ엿/다가 그러[ㄴ] 거슬 비록 가져 온들 館中 사ᄅᆞᆷ들 사/지 말게 館司계오셔 分付ᄅᆞᆯ ᄒᆞ시게 傳語官을 /ᄒᆞ여 請ᄒᆞ엿ᄉᆞ오며 그ᄂᆞᆫ 果然 誠信을 重히 너기/2:16a/셔 그리 顧見ᄒᆞᆫ 일이오니 더옥 奇特ᄒᆞ오니 / 부ᄃᆡ 記錄ᄒᆞ여 두시과져 ᄒᆞᄋᆞᆸᄂᆡ /
［日］丙辰年の春に餘寒が甚だしく貝類に毒があるという話を聞き、直ちに士正公が本府からわざわざやってきて館中にお知らせくださったのですが、そのような物を決して朝市の商人たちが持って来ないよう厳しく申しつけたのですが、賤民というものは興利を貪りたがるのはいずこも異なることがないので、そのことを心配して、そのような物をたとえ持って来たとしても館中の人々が買わないように、館司におかれてはお申し付けくださるよう、傳語官をして要請なさいました。それは、まことに誠信を重く考えてそのようにお心遣いくださったことなので、一層奇特に存じます。なにとぞ記録しておかれたく存じます。

[8][惜陰談:2:24b] [日] 貴國은 兩班닉 生覺을/은 아지 못혼 일이 잇숩고 /爲先 一二條件을 니르면 大差使 머무실 ᄯᅵ /差備官은 커니와 東萊府使 釜山僉使 出入ᄒᆞ/실 쌔 或 客舍의셔 총 노흔 소릭 [　　] /2:25a/더옥 크게 ᄒᆞ여 이런 일도 엇터ᄒᆞ옵고 우리 ᄆᆞ음/의는 大差使 旅館이 近處의 잇거든 誠言信之間/의셔 손님 安心되는 줄 너기시면 火藥을 덜 놋/게 미리 申飭도 ᄒᆞ신 일이 올ᄉᆞ온ᄃᆡ 아마도 未練/혼 計較들 뵈이며 그러나 죵 소릭로 威儀를 ᄒᆞ/옵는고 ᄯᅩ혼 焰硝 만흔 자량이나 ᄒᆞ옵는지 /엇지ᄒᆞ나 交隣之間 主客之道의는 맛당치 /2:25b/아닌들 斟酌ᄒᆞ여 果然 不祥이 너기옵닉 /

[日] 貴國は、歴々方のお考えがわからないことがあります。まず、一二を申せば、大差使ご滞留の節、差備官は言うに及ばず、東萊府使や釜山僉使が出入なさる時、或いは客舎において鉄砲を打つ音[　　]一層大きくして、このようなことも如何かかと存じますし、私の思いますには、大差使の旅館が近處にあれば、誠信之間において客人が安心することをお考えになるならば、火薬を少なめにするよう、あらかじめお申し付けにもなるのがもっともですのに、どうやら愚かなはかりごとかと存じます。鉄砲の音で威勢を張っておられるのか、また、焔硝が多い自慢でもなさっておられるのか、どうであっても、交隣之間、主客之道にはふさわしくないことと推察いたし、まことによろしくないことと存じます。

[9][惜陰談:2:25b] [日] 지낸 히 水使道가 多太鎭의 가옵시고 도로 나가/실 적의 陸路로 館所 겻티를 지나가옵시/더니 그 쌔에 沙道의 다ᄃᆞ라는 죵을 비 오×도[○드]시 노/오매 館所 近處 갓가이 오×토[○도]록 그 죵 소릭가 /徹天ᄒᆞ여 엇터면 무슴 일 나는가 놀나온 일도 /잇숩고 과연 엇터ᄒᆞ오며 그런 일도 손 待接ᄒᆞ는 /2:26a/道理예는 館 갓가히 오도록 操心ᄒᆞ여야 主客之/道의 맛당ᄒᆞ온ᄃᆡ 水使道는 兩國誠信之間으로 /이 곳의 和館 設立ᄒᆞ옵고 日本 사름 머문 줄을 모로/시고 그리 ᄒᆞ옵신지 부러 그리 ᄒᆞ옵신 거신지 그 /속을 씨듯치 못ᄒᆞ[ㄴ] 中의 水邊 將×師[○帥]는 習×陳[○陣]作/法도 잇ᄉᆞ오매 네ᄉᆞ 行次를 ×나[○니]ᄅᆞ와도 다른 힝ᄌᆞ보/다가 嚴肅히 擧行은 ᄒᆞ신 일인가 시브오되 /2:26b/길의셔 그리도 星火ᄀᆞ지 총을 논단 말은 뭇/치 못ᄒᆞ오면 우리 오림의는 我國人이 곱을 낼/가 ᄒᆞ고 부러 노힌 줄을 아오되 我國 사름은 公닉 아옵ᄃᆞ시 그만혼 일을 무셔이 너길 姓識히 아/니옵고 도로혀 그 法度ㅣ 愚拙혼 일과 威슈히 /行치 못혼 타시라 ᄒᆞ고 우수이 너기오매 이런 일/은 公닉 아라셔 預爲 됴토록 開諭ᄒᆞ여 두시/2:27a/과져 ᄒᆞ옵닉 /

[日] 先年、水使道が多太鎭にお行きになり、お戻りになる時に、陸路で館所のそばを通り過ぎられましたが、その時に沙道に至ると鉄砲を雨あられのごとく打つの

で、館所の近くに来るほどその鉄砲の音が天をつんざくようで、どうかすれば何事が起ったのかと驚くこともあり、まことに如何かと存じます。そのようなことも、客をもてなす道理からすれば館近くに来るほど注意してこそ主客之道においてもっともであるのに、水使道は、兩國誠信之間としてこの所に和館を設立して日本人が滞留していることをご存知なくそのようになさるのか、わざとそのようになさるのか、その真意を知ることはできませんが、水辺の将軍は調練の作法もあるところ、常の行列について申しましても、他の行列よりも厳粛に挙行なさることかとは思いますが、道中あんなにも激しく鉄砲を打つという話は聞いたことがなければ、私の推測では我國人がこわがるかと思ってわざと打たせたものと存じますが、我國の人は貴殿もご存知のごとくそれしきのことを恐れる性情ではなく、かえってその法度が愚拙であることと厳粛におこなうことができていないせいだと、おかしく思いますので、このようなことは、ご貴殿よりあらかじめよろしく諭しおかれたく存じます。

[朝] ᄒᆞ신 말ᄉᆞᆷ 着實이 드ᄅᆞᆺᄉᆞ오며 水軍 節度/使계셔ᄂᆞᆫ 貴國 風俗을 모로시고 다만 威儀ᄅᆞᆯ /嚴々히 ᄒᆞ려 ᄒᆞ고 ᄒᆞ신 일이오되 誠信 本意/ᄅᆞᆯ 니ᄅᆞ면 맛당치 아니ᄒᆞ오매 게ᄉᆞᆺ지 ᄒᆞᄋᆞᆸ신 /말ᄉᆞᆷ은 우리 ᄆᆞᄋᆞᆷ의 感激은 ᄒᆞ오나 도로혀 /붓그럽ᄉᆞ오매 맛ᄎᆞᆷ 水營의 갓ᄉᆞᆸ거든 /2:27b此後ᄂᆞᆫ 그럿치 아니케 잘 開諭ᄒᆞ여 두올 /거시니 그리 아ᄋᆞᆸ쇼셔 /

[朝] おっしゃられたお言葉確かに承りました。水軍節度使におかれては貴國の風俗をご存知なく威儀を厳粛にしようとなさってされたことですが、誠信の本意から言えばふさわしくありませんので、それほどにまでおっしゃられたお言葉私の心にかたじけなく存じますが、却って恥ずかしく存じますので、ちょうど水營に行きましたら、此後はそのようにしないようによろしく諭しておきますので、そのようにご理解くださいませ。

[10][惜陰談:2:27b] [日] ᄒᆡ마다 古館 出入ᄒᆞᄋᆞᆸᄂᆞᆫᄃᆡ 船滄 다히로 갈 길/의 ᄯᅳᆷ과 멱셕 붓치로 막어 日本 사ᄅᆞᆷ 防塞ᄒᆞ신 /일이 ᄀᆞ장 괴이ᄒᆞ오며 大抵 우리나라 사ᄅᆞᆷ 姓識/은 공ᄂᆡ도 샹히 아ᄅᆞ신 일이요 그 곳을 ×ᄯᅳᆼ[○ᄯᅳᆷ]으로 막/으나 비록 鐵壁 石壁으로 막으신들 현마 헐고 /2:28a/못 드러가오리잇가 ᄒᆞ믈며 前부터 가ᄂᆞᆫ 곳이오매 /防塞을 아니 ᄒᆞ고 그대로 ᄒᆞ여 두ᄋᆞᆸ시면 前의 가 /보던 사ᄅᆞᆷ들은 가보라 ᄒᆞᄋᆞᆸ셔도 슬희야 ᄒᆞᄂᆞᆫ /일이온ᄃᆡ 부러 防禦ᄒᆞ실 ᄆᆞᄃᆡᄂᆞᆫ ᄆᆡ양 보ᄂᆞᆫ 사/ᄅᆞᆷ이라도 우격으로 가려 ᄒᆞᄂᆞᆫ ᄯᅳᆺ이 아×나[○니] 날가 /시브니잇가 以前 士正 訓導ᄒᆞ실 ᄯᅩᆼ안은 그런 /弊端도 업고 兩國間의 됴곰도 相較ᄒᆞᄂᆞᆫ 일이 /2:28b/업게 ᄒᆞ시니 館中人이 ᄆᆡ양 奇特히 녀길 ᄲᅮᆫ 아니라 /혹 밧긔 難處ᄒᆞᆫ 일이나 이시면 그

告來ᄅᆞᆯ 아니 ᄒᆞᆫ들 士正公이 알라 ᄒᆞ오면 無弊히 되게 ᄒᆞ여 /주마 ᄒᆞ신 모양이 되오매 그 뜻을 깁피 生覺ᄒᆞ/시고 各別 周旋ᄒᆞᄋᆞᆸ셔　大小事ᄅᆞᆯ 다 順便이 /ᄒᆞ셔야 兩國 事情의 닉은 사ᄅᆞᆷ이라 ᄒᆞ오리 /

[日] 毎年古館に参りますが、船滄の方へ行く道に苫や蓆の類で塞いで日本人を通れなくなさることはたいへん怪異なることです。そもそも我国の人の性情は御貴殿も常々ご存知のことであり、そこを苫で塞ごうが、たとえ鐵壁、石壁でお塞ぎになろうが、まさか崩して入れないことはありますまい。ましてや前から参っている所ですので、塞がずにそのままにしておかれたらば、前に行ったことのある人々は行ってみよと言ってもいやだと言うことになるのですが、わざわざお塞ぎになったならば、いつも見ている人でも無理にでも行こうとする気持ちになるではありませんか。以前、士正が訓導をなさった期間は、そのような迷惑なこともなく、兩國間に少しもトラブルがないようになさったので、館中の人が常に奇特に思うのみならず、或いは、他に困ったことなどがあればそのことを告げに来なくとも、士正公が司っておられるのであれば、弊害がないようにしてやろうという形になりましたので、その意味を深く思し召され、格別肝煎られて、大小事をすべてスムーズになさってこそ、兩國の事情に長けた人と言えましょう。

[朝] 니ᄅᆞ신 말솜 낫〻치 듯ᄌᆞ온즉 至當ᄒᆞᄋᆞᆸ/2:29a/고 士正만ᄒᆞᆫ 니가 업ᄉᆞ오니 實로 애ᄃᆞᆲᄉᆞ오매 /이런 至極ᄒᆞᆫ 말솜은 此後 ᄆᆞᄋᆞᆷ의 ᄆᆡ이게 ᄒᆞ/오리 /

[朝] おっしゃられたお言葉一々承りましたところ、ごもっともでございます。士正ほどの人がおりませんので、実に残念なのですが、このようなご丁寧なるお話は今後も心に留め置くようにいたします。

第8課 「漂民対話」

【本文】

●朝鮮 쌍은 허라기 만히 이셔 잇다감 사름을 害ᄒᆞ다 ᄒᆞᆫ 말이 드ᄅᆞᆺ더니 실말이ᄋᆞᆸ나 或 ᄆᆞ올의 나왓ᄂᆞᆫ 일도 잇ᄉᆞᆸ나

朝鮮の地は、虎がたくさんいて、ややもすれば人を害するということを聞きましたが、本当ですか。あるいは、村に出てきたこともありますか。

○범은 常時ᄂᆞᆫ 山谷의 이시되 或 ᄆᆞ올의 나와 사름을 害ᄒᆞᄂᆞᆫ 일이 잇ᄉᆞᆸᄂᆡ

虎は常時は山谷にいますが、あるいは村に出てきて、人を害することがございます。

●虎皮가 年年 貴国의셔 日本의 数多히 나왓다 ᄒᆞᄂᆞᆫᄃᆡ 그 범은 엇지들 ᄒᆞ여 잡피ᄋᆞᆸ나

虎皮が年々貴国より日本に数多く出て参ると言いますが、その虎はどのようにして捕りますか。

○허랑은 陥穽으로도 잡고 또 총 맛쳐 잡필 法도 잇ᄂᆞᆫ가 시브오되 그 놈 잡피기야 ᄆᆡ오 무섭다 ᄒᆞᄋᆞᆸᄂᆡ

虎は落とし穴でも捕り、また、鉄砲を打ち当てて捕るしかたもあるそうですが、あやつを捕るのはたいへんおそろしいと言います。

●여ᄋᆞ 山獺도 応当 이실 ᄃᆞᆺ시브온ᄃᆡ 사름을 홀릴 일은 업ᄉᆞᆸ나

狐、たぬきもきっといるだろうと思いますが、人を化かすことはございませんか。

○그 놈들은 사름을 홀릴 놈인 줄은 녯말의 잇ᄉᆞᆸ고 잇다감 보기ᄂᆞᆫ 보오되 尽時 我国 사름을 홀리단 말은 아직 못 드ᄅᆞᆺᄉᆞᆸᄂᆡ 그ᄂᆞᆫ 언던고 ᄒᆞ면 우리나라ᄒᆞᆫ 허랑이 만ᄉᆞ오매 그 놈들도 져의 저히고 잇ᄂᆞᆫ 타ᄉᆞ로 術내치 못ᄒᆞᄂᆞᆫ가 시브단 所聞을 ᄒᆞᄋᆞᆸᄂᆡ

あやつどもは人を化かすものだということは、昔話にあります。おりにふれ見ることは見ますが、ついに我国の人を化かしたという話はいまだ聞いたことがありません。それはどういうことかと申せば、我国は虎が多いので、あやつどももかれに恐れをなしているために、術を出すことができないようだということを言います。

●朝鮮은 牛肉이 常時 잇다ᄒᆞ니 쇼를 부러 잡혀먹ᄉᆞᆸ나 常人이라도 飯饌이나 먹ᄂᆞᆫ 일이 잇ᄉᆞᆸᄂᆞᆫ가

朝鮮は牛肉が常にあるといいますが、牛をわざとしめて食べますか。下々でもごはんのおかずにでも食べることがありますか。
○우리나라흔 常時 쇼ᄂᆞᆫ 부러 잡혀먹ᄂᆞᆫ 法이ᄋᆸ고 그런 中 処処의셔 잡필 定数가 잇ᄉᆞᆸ기의 数外 任意로 잡필 일은 못ᄒᆞ오매 常人들은 飯饌은 커니와 드므니 먹ᄂᆞᆫ 일도 쉽지 아니ᄒᆞ외
我国は常に牛はわざとしめて食べる方法でございます。そのようなうち、所々でしめる定数がありますので、定数外に自由にしめることはできませんので、下々はごはんのおかずはおろか、まれに食べることも容易ではありません。
●朝鮮은 大口ᄒᆞ고 明太 青魚라 ᄒᆞᆫ 日本ᄯᅡ 믈의 업고 或 잇다 ᄒᆞᆫ들 稀貴ᄒᆞᆫ 고기類가 잇다 ᄒᆞ니 엇지들 ᄒᆞ여 잡ᄉᆞᆸ나 미기의 ᄯᅳ를 고기 아니ᄋᆸᄂᆞᆫ가
朝鮮は鱈とかめんたい（すけそうだら）、にしんという日本の地の海にはいなくて、もしかしていたとしてもまれな魚類がいるといいますが、どのようにして捕りますか。餌に食いつく魚ではありませんか。
○大口ᄂᆞᆫ 발로 잡ᄂᆞᆫ 고기ᄋᆸ고 明太와 青魚ᄂᆞᆫ 그믈로 잡ᄉᆞᆸ고 밋갑의 ᄯᅳ를 고기×数[○類] 아니올ᄉᆡ
鱈はやなで捕る魚でございます。めんたいとにしんは網で捕りまして、餌に食いつく魚類ではありません。
●믈궝도 발로 잡을 고긴 줄을 엇던 적인가 듯ᄂᆞᆫ 등 ᄒᆞ오니 어ᄂᆞᆫ ᄃᆞᆯ쓰음이 만ᄉᆞᆸ나 ᄯᅩ 잡을 발은 大口 잡을 발과 模様이 ᄀᆞᆺᄉᆞᆸᄃᆞᆫ고 다ᄅᆞᄋᆸᄃᆞᆫ고
鮟鱇もやなでとる魚だということを、どうかしたときに聞いたように思いますが、何月ごろが多いでしょうか。また、捕るやなは、鱈を捕るやなと形は同じですか、違いますか。
○믈궝은 十月부터 冬至ᄃᆞᆯ이 만ᄒᆞᆫ 쓰음이ᄋᆸ고 발은 그저 大口 잡을 발로 잡ᄉᆞᆸᄂᆡ
鮟鱇は10月から11月が多い時分でございます。やなは、やはり鱈を捕るやなで捕ります。
●道味 져근 거싀 類가 이셔 일홈이 각각 다ᄅᆞᆺᄃᆞ니 朝鮮도 類가 잇ᄉᆞᆸ나 일홈은 무어시라 무엇시라 브ᄅᆞᄋᆸᄂᆞᆫ가
鯛の小さいのに類があって、名前がそれぞれ異なりますが、朝鮮も類がございますか。名前は何々と言いますか。
○우리나라도 서너 類 잇ᄉᆞᆸᄂᆡ 為先 져근 道味 잇고 핏도미 ᄉᆡᆼ사리 ᄯᅩ 거믄 거슬 甘生伊라 ᄒᆞᄋᆸᄂᆡ
我国も3, 4類ございます。まず、小鯛があり、血鯛、青鼻小鯛、また、黒いのをちんだいと言います。
●海蝿[해파]은 엇지들 ᄒᆞ여 먹ᄉᆞᆸᄂᆞᆫ가 젓 ᄃᆞᆷ아 ᄂᆞᆺ고 먹ᄂᆞᆫ 法은 업ᄉᆞᆸ나
くらげはどのようにして食べますか。塩漬けにして食べる仕方はありませんか。

○海蜇은 우리나라흔 젓 담아 놋고 먹을 법은 업습고 或 生으로 쟝만ᄒ여 먹는 일은 잇ᄉ오되 ᄯ로 먹을 법은 모로옵ᄂ
くらげは我国は塩漬けにしておいて食べる仕方はありません。あるいは、なまでこしらえて食べることはありますが、ほかに食べる仕方は存じません。
●朝鮮 ᄯ은 ᄇ얌 類가 만히 잇고 더옥 和舘은 만다 ᄒ오니 졍말이옵나
朝鮮の地は蛇の類がたくさんおり、さらに、和館は多いと言いますが、本当ですか。
○맛치 ᄒ시는 대로 ᄇ얌 뉘 만흔 中 日本舘中쳐로 만흔 ᄃ가 어ᄃ 잇ᄉ오리잇가
ちょうど仰せのとおり、蛇の類が多いうち、日本館中のように多いところがどこにありましょうか。
●그림새도 이실 둣시브온ᄃ 잡아 기러 두고 우는 소ᄅ롤 듯고 喜樂흔 일은 업습나
鈴虫もいるだろうと思いますが、捕まえて飼っておき鳴き声を聞いて楽しむことはありませんか。
○그림새도 잇기는 잇ᄉ오되 셔울 다히는 엇치 ᄒ옵는지 모로옵거니와 外方의셔 그림새롤 기러 두고 소ᄅ롤 듯고 줄기다 흔 말은 아직 못 드릇습데
鈴虫もいることはいますが、都あたりではどうするのか存じませんが、田舎では鈴虫を飼いおき声を聞いてたのしむということは、いまだ聞いたことがありません。
●朝鮮도 ᄆ얌이 応当 이실 둣시브ᄃ니 샹히 五六月부터 漸漸 나와 東山 나모가지나 或은 울이나 ᄯ는 집 쳠의도 안자 여러 소ᄅ로 ᄆ얌ᄆ얌이라 우는 소ᄅ야 진짓 급ᄌ스로온 거시온ᄃ 貴国 ᄆ얌도 그쳐로 큰 소ᄅ로 싯그로이 우옵나
朝鮮も蝉がきっといるだろうと思いますが、いつも五六月よりだんだん出てきて、園の木の枝や或いは垣根など、また、家の軒先にもとまり、声々にミンミンと鳴く声は、まことに気ぜわしいものですが、貴国の蝉もあのように大きな声でやかましく鳴きますか。
○ᄆ얌이야 어ᄂ 나라 ᄆ얌이라도 다ᄅ오리잇가 그 놈들이 左右의셔 큰 소ᄅ 내여 여러히 울 ᄣ는 흔 房의 이셔 갓가히 안줍다가 말숨ᄒ여도 듯기 어려올 적도 잇고 밧븐 ᄣ는 더옥 답답ᄒ옵ᄂ
蝉こそいずこの蝉といっても違いましょうか。あやつどもが左右より大きい声を出して、あまた鳴きたてる時は、同じ部屋にいて近くに座って話をしていても聞きにくいこともあり、忙しい時は一層気ぜわしく存じます。
●그리매와 강귀는 져근 놈들이로되 甚히 사오납고 그리매는 飲食의 들면 毒ᄒ다 ᄒ고 ᄯ 강긔는 졈 긔여도 내가 이셔 먹지 못ᄒ게 되고 더고나 櫃나 櫶이나 놈모론 ᄉ이예 드러 衣服 類 其外 휫갓 칠ᄒ여 잇는 것들 열업시 물고 임의 헌 거

시 되여 앗가온 거시 만습데 朝鮮도 잇습는가
げじげじとごきぶりは小さいものですが、はなはだ悪く、げじげじは食べ物に入ったら毒すると言い、また、ごきぶりはちょっと這ってもにおいがあって食べられなくなり、さらに、櫃やら戸棚などに人の知らない間に入って、衣服類、そのほかすべての塗り物などに無益にかぶりつき、すでにきずものになって惜しい品が多いのですが、朝鮮もおりますか。
○그리매는 만치 아니ᄒᆞ오되 강귀는 집마다 이셔 飮食의 ᄃᆞ로고 오히려 아모거시라도 물고 모지로온 놈들이올식
げじげじは多くありませんが、ごきぶりは家ごとにいまして、食べ物につき、なおまた何にでもかぶりついて、憎らしいやつどもでございます。

第９課　従政年表

【本文】

漢城にもどり、復命した。東萊暗行御史魚允中として入来すると、王命は「留待せよ」とのことであった。その後、「入待せよ」とのことであったので、煕政堂に入待した。承旨の朴鳳彬、假注書の李郷卿、兼春秋の趙光祐、別兼春秋の金炳吉が控えていた。王は「既に帰国した人々から詳しく聞いたところによれば、海路は険しく遠かったというが、無事であったか」と尋ねた。私は「王の御心をたよりに、無事行って参りました」と答えた。王は「日本の様子はどうであったか」と尋ねた。私は「思いますところ、今の状況で、富強でなければ国を保つことができません。故に上から下まで心を合わせて取り組んでいるのは、この富強一事のみです」と答えた。王は「清の事と各国の真偽は詳しく調べて詳細に把握したか」と尋ねた。私は「どうして詳細に把握することなどできましょう。概略を聞き知ったのみです」と答えた。王は「清人も多く日本にいるというが、清のことで調べたことはあるか」と尋ねた。私は「中国はかつては外情に暗くはありませんでしたが、いろいろ面倒なことが起こったために、最近では真剣に軍事に力を注いで、多くの賊を抑えています。これは曽国藩・左宗棠・李鴻章らを頼んでのことです。頼りになって実力があるのは、いくら八旗軍緑営兵があるといっても、やはり准軍と湘軍なのです」と答えた。王は「大国の情勢は以前よりよいということか」と尋ねた。私は「ロシアとの戦争がありましたが、最近、賠償金を払って収まりましたので、ようやく落ち着いたというところでしょう」と答えた。王は「日本は、外面は富強であるように見え、内実はそうでもないというが、どうか」と尋ねた。私は「一国を挙げて富強につとめておりますが、維新の初めに財力を浪費し、国債が三億五千万にも至りましたために、歳入の半分を割いてこの償還に当てている状況で、日本人もこれを憂慮しております」と答えた。王は「あなたの担当分野は、詳しく記録したか」と尋ねた。私は「とても詳細無漏とはまいりませんで、綱領を記した程度、細目には及びませんでした」と答えた。王は「以前、全羅道の暗行御史であったとき、立派な結果を多くだした。事を調べ上げるのに優れていることは既にわかっているから、今回の特命を与えたのである」と言った。私は「私は粗略で雑駁で、とてもご命令にかなうことができません」と言った。王は「最近、清は何につとめているのか」と尋ねた。私は「初めは軍務に専ら力を注いでいましたが、最近また招商局を開設し、蒸気船を用いて、商業を推進しています。外国人が清に来るのも通商のためでして、我々も商務をもってこれに応ずるべきであるゆえんです」と答えた。王は「日本から清までは何里くらいか」と尋ねた。私は「長崎から上海までで二千三百里です」と答えた。王は「日本は我国に、しばらくは他意が無いだろうか」と尋ねた。私は「日本はかつて我国を敵国とみなしていましたが、西洋人と通商して以来、我国を隣国とみなしています。しかし日本に他意が無いかどうかは、我国にかかっていて、日本にではありません。我国が富強の道を得てこれを進めるといっても、日本は敢えて他意をあらわすことはしないでしょう。しかし富強を進めなければ、日本は強く我国は弱く、無事を保つのは難しいでしょう。隣国の強は我国の福とはならないのです」と答えた。王は「近頃は各国が相争い、あたかも戦国時代と同じである」と言った。私は「全くその通りです。春秋戦国時代はいわば小さい戦国で、今日はまさに大きい戦国で、皆ただ智力をもって雄を争っているのです」と言った。王は「日本は農事にもつとめているのか」と尋ねた。私は「真剣に農商に力を注いでいます」と答えた。王は「路程はいかほどで、どのくらいの月日がかかったのか」と尋ねた。私は「距離はまだ計算していませんが、三百日あまりかかりました」と答えた。王は「東莱府の絶影島については、防守の海門であるのだが、状況はどうか」と尋ねた。私は「最近いよいよ日本が狙っているようです」と答えた。王は「東莱府には切迫した弊害は無いが、民の生活は病んでいるのは、どうか」と尋ねた。私は「総じて慶尚道地方において弊害の無い邑はありません。東莱府のみが特段に申し上げるほど深刻な状況ではないというだけです」と答えた。王は「田税に関する弊害がもっとも甚だしいというが、事実か」と尋ねた。私は「量田を改めて以後、弊害が無いところはありません」と答えた。王は「今年は小康状態といえるが、慶尚道のみ飢饉にあたった。沿路の様子はどうであったか」と尋ねた。私は「蔚山・慶州・梁山等の邑はことごとく水害を被り、民の生活はきびしく、大変見るに忍びない思いでしたが、王の御心がここまで及んでいると、慶尚道の民が聞けば、感動の涙を流すことでしょう」と答えた。王は「どこかに宿して入来したのか」と尋ねた。私は「近郊から入来しました」と答えた。

書啓を奉じます。臣は本年正月、王命を奉じて、四月に入り、行護軍の朴定陽らと、東萊から東洋輪船を賃載し、日本に向かいました。長崎港に到着し、造船所工作局、學校、高島媒礦を見学し、神戸港から汽車で大阪に着き、鎮台の兵演操を見学し、砲兵工廠、造幣局、製紙所、博覽會、病院、監獄をめぐり、京都に入って、女紅場、盲唖院を見、更に大津に至って琵琶湖を見学し、神戸に戻り、蒸気船に乗って横浜に行き、江戸に直行しました。三條實美、巖倉具視、寺島宗則、副島種臣、山田顯義、井上馨、大山巖、川村純義、松方正義等に会い、官省や工場としては、外務、内務、大藏、陸軍、海軍、工部、農商務省、開拓使、元老院、大學校、士官學校、戸山學校、師範學校、工部大學校、海軍兵學校、機關學校、語學校、農學校、電信、郵便、印刷、瓦斯局、教育博物舘、博覽會、製紙所、集治監、砲兵工廠、育種場、横須賀造船所を見学し、日本の天皇が北巡するというので、ついて行って宇都宮で観兵し、日光山に至って孝宗の御筆を拝見いたしましたのでありまして、他の臣らは皆ここで帰途につきましたが、私は能力が劣り知識も浅く、見聞が足りなかったので、そのまま数ヶ月留まりましたのち、長崎にもどり、中国上海に向かいました。蘇松太、兵備道の劉瑞芬に会い、江南機器製造總局に行って、銃や弾薬を製造するのを見学し、さらに中国招商局の蒸気船で天津に至り、直隷總督の李鴻章、海關道の周馥に会い、また航路によって上海から長崎に行き、釜山港に到着して上陸したのでありまして、大藏省事務と財政の見聞は、別に冊子を作って御覧になっていただけるようにします。

第10課　西遊見聞

【本文】

（1）国というのは、一族の人民が、一地域の山川を占めて、政府を建設し、他国の管轄を受けないでいることをいう。故に、国の最上位にある者は君主であり、最大権を持つ者も君主である。人民は君主に服し、政府にしたがってこそ、一国の体面は保たれ、全ての人々が安寧を維持する。一つの国は一つの家に例えることができるが、家の事はその家が自主的に処理するものであり、他の家の干渉は許さない。一人の人に例えても同じで、その人の行動はその人の自由であり、他人の指揮を受けない。国の権利というのもこのようなものである。この権利は二種類に分かれているが、一つは国内用の主権であり、国中の一切の政治、法律は政府の立憲に従うということである。二つめは国外に行使する主権であり、独立と平等の原理によって外国との交渉を持つということである。このように考えると、一国の主権は、形勢の強弱と、起源の善否、土地の大小と、人民の多寡に関わりなく、ただその国内外の関係の真なる形像によって断定されるのである。世界のどんな国であっても、他国のもつ権利を侵犯しなければ、その独立自主する基礎によって、主権の権利を行使するのであるから、各国の権利は、関係する職分が同一である場合、その徳行と習慣に制限される。このように、邦国に帰属する権利は、国が国たる道理をなし、その現體の緊切な要であるから、これを立本の権利というのである。今この立本の権利を列挙すると以下のようである。

第一　現存と自保する権利。これによって生じるのは

甲　交渉する権利

和平の調停、弁理、互饒、勧和の専断、または会談と国会を経て行われる

乙　応ずる権利

丙　答え、拒否する権利

丁　相争う物を捉える権利

戊　介入する権利

己　宣戦、講和する権利

自保する権利によって平権する道にすすむ

第二　独立する権利。平均と敬重の権利を含む。

第三　産業（土地）の権利

第四　立法する権利

第五　交渉と派使と通商の権利
第六　講和と決約する権利
第七　中立する権利

（3）これらは邦国に自ずから備わっている権利であり、一つが欠けても国が国でいられないし、国が国でなくなってしまうのである。今、広大な世界を一郷里に例えれば、世界の一隅に位置する諸国は、同じ村に相接している諸家のようなものである。近隣の状況は情深い信義で結び、助け合いの便利を通じ、人間らしい世界の光景を作っていくことができる。物の不均衡により、人の強弱、貧富の差は必然的に生じるが、それぞれが家を保ち平均的な地位を守っていられるのは、国法の公道が人の権利を保護するからである。国どうしの交際も、公法によって規定され、天地に偏り無い正理によって平等の道を行くので、大国も一国であり、小国も一国なのである。国の上に国はなく、国の下にもまた国は無い。一国の国たる権利は、大国も小国も同じであり、少しの違いも生じない。故に諸国は、友情をもって均しい礼を用い、条約を交換し、使節を相互に派遣して、強弱の別を立てず、その権利を相互に守って、侵略は敢えてしないのである。他国の権利を敬わなければ、それは自己の権利を自ら損なうことになるので、自守の道に慎む者は、他人の主権を損なうことはないわけである。

（4）しかし、国の大小と強弱により、形勢の不均等が生じるために、時に強大国が公道を顧みず、その力を恣行することがある。弱小国が自保のために他国の保護を受ける、これが受護国である。また、他国に貢物を贈り、あるいは伝統的な約章を守って、あるいは新たに条約を結んで、侵奪された土地を取り戻し、後来の侵略を免れる、これが贈貢国である。これらの国の権利は、その主権の確保の度合いに依るので、独立主権国が享有する権利を実行して、修好航海および通商の諸条約を自決するならば、受護または贈貢する関係であっても、その主権および独立権が毫も損なわれることはない。これは公法の明確かつ優れた規範によって、主権国の体制および責任を論じた語句に遵っており、現実状況を明らかに定めたものであるといえる。古今の公法の大家たちは、いかなる国でも人民でも、その国憲の体制および品例に関わらず、その国を自管するものは主権独立国であり、主権は一国を管制する最大の權利であるとした。国内外に実施することを得て、国内に実施する主権は、その国の大法と原理によって人民に附され、また主治者に委任され、また国外に実施する主権は、一国政治の独立が各国の政治と相対し、これによって和戦の間で交渉を行う関係を保つものである。概して、外治と内交を自主し、外国の指揮を受けないものは、正当な独立国である。主権国の列に入れなくてはならない。その独立主権の明確な証拠は、他の主権独立国と同等の修好通商条約を議定していることであり、使臣を派遣招聘していることであり、和親交戦の宣告を自ら行うことであり、これらは主権に附着し、適合する権利である。一国がこれを確保しているときは独立国の一座を占めるのであり、確保していないなら、それは約章の関係に照らして、半独立国あるいは属国の列に帰するのである。

（5）もし、弱小国が差し迫った状況に直面して、内外の事務において、他国の命令に服従し、権力の行使を許したとしても、その主権が損傷されるものではない。このような状況は、他国の干渉によって一時的に正当が揺らいだだけである。最近、公法学者が言うには、
弱小国がその独立を保存するということは、強大国の意旨を願望し、また強大国が侵略してくることを懼れるということである。これを懼れるがために、表に裏に、命令に服従するが、しかしその命令と服従はまれなことであり、これによって強大国が弱小国を統括する権力を持つわけではなく、弱小国が強大国に附属する関係が生じるわけでもない。命令、服従はさておいて、強大国は常に尊重され、弱小国は常に卑屈であっても、弱小国もまた一独立主権として政治を行うのである。強大国が統括権を持つことはできず、弱小国に命令する正当性も無く、また弱小国は服従する正当性も無いので、たとえ弱小国が独立を保守し、防備することができないといっても、事実と習慣によって、強大国に附属するということはあり得ないのである。

（6）このように見ると、権利は天然的な正理であるが、形勢は人為的な剛力である。そもそも弱小国が、強大国に対して専横する剛力を持たず、自然に備わっている権利のみを守ることが難しい場合、強大国が自己の十分な形勢を乱用して、弱小国の正当な正理を侵奪することは、不義の暴挙であり無道の悪習であって、公法の許すところではないのである。

第11課　独立新聞

【本文】

（1）

建陽元年四月初七日　金曜日

論説

我らが独立新聞を今日初めて出版するにあたり、朝鮮内にいる内外国人民に、我らの主義を予め申し上げ、周知せんとす。

我らは第一に、媚びへつらわないために、いかなる党とも関係無く、上下貴賤を分け隔てずに全て朝鮮人とのみとらえ、朝鮮のためだけに、公平に人民に語るものであるが、我らはソウルの民だけのためではなく、朝鮮全国の人民のために、どんなことでも提言していこうと思う。政府で行っていることを民に伝えるつもりであり、民の情勢を政府に伝えるつもりであるので、もし民が政府のことを詳細に知り、政府において民のことを詳細に知れば、お互いに有益なことが多いであろう。不平の心、疑いの考えがなくなることであろう。我らがこの新聞を出版するのは、利益を得ようとするものではないので、価格は安くし、全てハングルで書いているのは、男女上下貴賤すべてに読めるようにするためである。また句節を分かち書きしているのは、わかりやすくしたのである。我らは正しいようにだけ新聞をつくるつもりなので、政府の官員であっても正しくない人がいれば書くし、貪官汚吏を見つければ世の中にその人の行跡を知らせるであろう。私人の民であっても無法なことをした人は、我らが調査して新聞に明らかにするであろう。我らは朝鮮大君主陛下と朝鮮政府と朝鮮人民のための人々であるから、偏った議論や、一方のみを考える言説を新聞には載せない。また、一頁に英文で記録するのは、外国の人民が朝鮮の事情を知らないと、あるいは偏った話だけ聞いて、朝鮮を間違って理解するかもしれないので、実際の事情を知らせようとするものである。

ゆえにこの新聞は、まさに朝鮮だけのためのものであることが十分わかるだろう。この新聞によって、内外男女上下貴賤がすべて朝鮮のことを互いに知るであろう。我らがまた外国の事情も、朝鮮の人民のために、時々記録するつもりであるので、これによって、外国に行けなくても、朝鮮人が外国の事情を知るであろう。今日は初めてであるので、大体我らの主意のみ世に告げ、我が新聞を見れば、朝鮮人民の所見と智慧が進歩することを信ずる。論説を終える前に、大君主陛下に頌徳し、万歳を申し上げます。

（2）
光武二年八月三十一日　水曜日
知りません氏の意見

知りませんという人が本社に手紙を出して、意見をいろいろ送ってきたので、いくつか取りあげて左のように記載する。

天が物をつくるとき、全て使い道があるようにしてあるが、物を使うことは人に任せたので、ダイヤモンドのような貴重なものと、金・銀・銅・鉄のような有益なものも、遣う人がいなければ無用の長物なのである。何でも、結局は使い方を知っている人に帰するというのは、天理と人事に適うことである。自分も使えず、他人も使えないようにするなら、それは暴殄天物である。経界のないことなのである。

西洋の話で、ひどく意地の悪い犬一匹が牛小屋に入って横になり、牛が入ってこようとすると吠えたり噛んだりしたので、牛は「お前は牛小屋にいたところでまぐさも食べられないくせに、お前も食べられず、他にも食べられなくするとは、どういう根性か」と言ったというので、この犬は暴殄天物する人に例えられる。この犬のような行いをする人々が、世の中にはあまりに多いのである。

アフリカは富んだ地方として有名である。貴重な樹林と燦爛たるダイヤモンド、そのほかにも宝石と象牙、金銀が数え切れないほどであるにもかかわらず、アフリカの土着民たちは、このよい地方に何千年と暮らしながら、貴重な物を貴重な物として使う方法を知らず、金の塊を手に、飢え死ぬ者が多かったのであるから、これはすなわち暴殄天物である。とうとう天が、土着民の頑悪を憎み、欧州各国の人々が、近年アフリカを分割し、何万年無念に埋もれてきた貴重品を掘り起こし、世界に有用な物をつくっているので、天の畏れは無情ではないことを、十分に知ることができる。

北アメリカは土地が肥沃で、各色天造物の富壌さ、江山の雄壮と秀麗さは世界に二つとないほどであるのに、インディアンといわれる土着民が、何千年住んでいながら、この素晴らしい江山を使い道のない土地にしてしまい、野蛮な風俗を最後まで正せなかったので、ついに英国人種の土地となった後、世界で最も富強なる国となったのである。インディアンが暴殄天物した罪悪に、天が罰を下したということを悟れない人々は愚かである。

インド国は世界でも富壌さが有名で、人口が何億万人であるが、人民の等分を分け、同じ人種同士で互いに妬みあい、争ったために、貧弱になり、その富壌な世界に生命と財産を安置できず、暴殄天物したので、ついに英国の属国となった。天が与えた物を使えない人は、結局他人に奪われるのも当たり前なのである。誰がおかしいというだろうか。

今、大韓の天地を見ると、国は大きくないが、江山の秀麗さと土地の肥沃さ、様々な鉱物の豊富さは、東洋にめずらしいほどであるのに、山に良い木を伐採しても一本も育てず、金・銀・銅・鉄鉱はあるが、うまく採掘して民に有益になるようにせず、盗賊のような金鉱総督と派員を出して、鉱物があるところごとに民を流離丐乞させ、他の人なら仙境のように整えて住めるところを、大韓の人は便所のようにして住んでいて、何においても暴殄天物しないことがない。少しでも国のためを思う気持ちがある人は、痛嘆し、寝食も安らかでないが、民を保護し、皇室を維持する重任をまかされているみなさんは、昼夜、政府において官職の進退に奔走し、大臣、協辦がころころ変わり、内には内政が乱れ、外には外交が信用を失っているというのに、どうして未だに目覚めないのか、痛哭しても足りないのである。

第12課　초등대한력ᄉ

【本文】

（1）

ああ、歴史は国家と人民の間に、政治の得失、および風俗の善悪を記述し、歴代歴史書の一部を構成するものであるから、その意義が大きい。

我国の先賢が『東国通鑑』など歴史書を編じたものは多いが、漢文で編纂されたために、上中等社会においては悟り知ることが容易いが、女子や下等人は自ら学び習熟することが難しく、知識の発達と普通開明は十分に論ずることができないだろう。

天下の文明国民は、自国の文字を独立の基本と見なし、自主国である、あるいは自由民であるとして、世界に上等国民であることを示す。我が国は檀君四千年の神聖な国であり、本朝五百年、道徳の強化に薫沐した民族であるのに、沈没しそうになっており、これは意のある文人が長い歎息をつくところである。

ああ、世宗大王が訓民正音を創造され、長い文明を啓発されて数百年であるが、かえって発展していないのは、一般の人民が自国の歴史書を遠ざけ、国民の自覚を放棄したので、どうして国体と国民の生命を維持できようか。ここに我が国の文字で歴史を簡単緊要に編集し、国内に発行するように勧め督励するので、願わくば二千万兄弟姉妹は熱心に読み、万億年の国民の基礎を独立鞏固にする目的を達成するようにしよう。ああ！

隆熙二年七月　漢陽書館主人書

（2）

第一章　上古

第一節　檀君

大韓隆熙元年丁未から4240年前に、神聖な人が太白山の斧折樺の木の下に降りてきて、国の人を立て、人君としたが、これが檀君である。元年戊辰に国の名前を朝鮮とし、百姓を教え、毛を編んで頭にかぶせ、食物と居所の制度を定めた。太子扶婁を塗山に送り、支那の夏禹氏万国会に参与させた。初めは平壌を都としたが、後に白岳に移った。

檀君の子孫が王の座を代々伝えて1200年、国を北夫餘に移した後、高句麗に合した。

（3）

第十三節　本朝十三

宣祖壬辰に、日本国の関白平秀吉が明を討つと自称して、道を借りることを要請したが、朝廷が許さなかったところ、秀吉が大軍を率いてやってきて盗賊の行いをした。東莱をまず陥落させたので、僉使の鄭撥と府使の宋象賢らが国難に殉じ、李鎰と申砬らが交代で戦ったが敗れ、日本軍が京城にそのまま向かった。

王が都をはなれ西に避難されたが、日本軍が追い、平壌に移られ、義州で車を止めとどまられた。次いで鄭崑壽と李徳馨らが明に送られ、救援兵を要請するや、明の提督李如松が水陸軍二十万あまりを率いてやってきて救援した。

各道で、忠誠と節ある文人が義旗をあげて軍士を募集し、趙憲、高敬命、金千鎰は湖南で立ち、郭再祐、鄭仁弘、金沔、權應洙は嶺南で立ちあがった。權慄は幸州で大きな勝利をおさめ、李廷馣は海西で防戦し、李舜臣は閑山島沖で大きな戦いを行い、日本の水軍を陥没させた。日本の将軍加藤清正と小早川秀家らが京城と平壌を捨て、東に逃げた。翌年、再び大軍で押し入り、晋州城を破壊したので、高從厚、金千鎰、柳復立、黄暹らが戦死した。

丁酉に、加藤清正らが軍士を再び率いてやってきて、盗賊の行いをしたとき、稷山の素沙坪に至ったが、明の救援軍の楊鎬将軍に大敗し、軍士をおさめて引き揚げた。これが壬辰後八年の戦争であった。

（4）

第二十五節　本朝二十五

壽康太皇帝が王位について3年、フランス軍艦が江華島に侵略した。巡撫千摠、梁憲洙を送り、江界砲軍五千名を率いて攻め込んだので、フランス兵のうちに死傷者が多く、フランスの将軍は恐れをなし、帆柱をとばして逃げた。

アメリカ軍艦五隻が徳津にやってきて侵略した。巡撫中軍の魚在淵に命じて廣城津に行かせ、陣を張って相対して敵を大きく打ち破り、また大砲で軍艦二隻を沈めた。アメリカ将軍ロジャースは、魚在淵の計略に気づかなかった。軍士を陸地に静かにおろし、我が陣の後ろに追いこむと、魚在淵が、弟の魚在淳とともに剣を抜き、数十人を斬り殺したので、アメリカの将軍は残りの兵を連れて逃げた。

日本が、全権大臣黒田清隆と議官井上馨を派遣して国書を奉じ、和親を要請したので、王は中枢府事申櫶と副摠管尹滋承に命じて江華府で会談させ、通商条約を定めた。その後、アメリカ、イギリス、フランス、ドイツ、ロシア、清、ベルギーが順番にやってきて、和親を結び、通商条約を定めた。

訓錬都監の兵士が反乱を起こし、日本教師堀本礼三を刺し殺し、王宮に乱入し、重臣の金輔鉉らを殺し、刀で柱を突き、悪行を犯したが、国太公が変を聞いて駆けつけ、騒乱を鎮圧された。

東学党が立ち反乱を起こしたので、四方がその意に従って呼応し、蜂のような様相を呈するや、官軍が四道に出て、何ヶ月もかかって武力でこれを平定した。

開国五百六年、王が皇帝の位を受け、国号を正して大韓とされ、年号を光武とし、八道を十三道に分けられた。光武十一年、皇帝は王位を皇太子にお譲りになり、太子が皇帝位にのぼった。元年を隆熙とし、上皇の位を高め、壽康太皇帝となさり、弟の英親王を封じて皇太子とし、日本に送ってご留学なさられた。